La diététique indienne

Du même auteur

Aux Éditions Eyrolles

- La médecine indienne (2009)

Aux Éditions Delville

- Les plantes du sommeil (2006)
- Les fruits santé (2005)
- Tout pour le corps, les meilleures plantes (2004)

Aux Éditions Grancher

- ABC de l'Âyurveda, les bienfaits de la médecine indienne (2005)

Aux Éditions Lanore

- L'esprit de l'homéopathie (2002)
- Plantes et herbes aromatiques, saveurs et vertus (2001)
- Yi King, le classique de la simplicité (1996)

Aux Éditions Trajectoire

- Associer plantes et huiles essentielles selon la tradition indienne (2004)
- Ces arbres qui nous guérissent (2003)
- Les plantes qui guérissent le corps et l'esprit (2002)
- Huiles essentielles et parfums qui guérissent et qui relaxent, la voie de l'Âyurveda (2001)

Sylvie Verbois

La diététique indienne

Lettres gourmandes à un ami lointain

EYROLLES

Éditions Eyrolles
61, bd Saint-Germain
75240 Paris Cedex 05
www.editions-eyrolles.com

Mise en pages : Istria

ISBN : 978-2-212-55185-3

Sommaire

Lettres gourmandes à un ami lointain 9

Lettre I : L'orée des saveurs **11**

Lettre II : L'alphabet des saveurs **41**

Lettre III : Grammaire alimentaire **87**

Lettre IV : Vents gourmands **115**

Lettre V : Mon cahier de recettes **147**

« Soyez toujours prêt à être surpris... » **187**

Quelques ouvrages... 189

Index 191

Table des matières 195

« Le chemin, c'est se connaître soi-même ici et maintenant, être tel que l'on est ici et maintenant, grandir, se transformer, mûrir. »

Swâmi Prajnânpad (ABC d'une Sagesse)

Lettres gourmandes à un ami lointain

« L'homme n'est pas achevé, il est encore à être »

Rabindranath Tagore - Sadhana, VIII

22 janvier, Pondichéry.

Bel Ami,

Cela fait bien longtemps que je ne vous avais écrit. Ici, le temps passe si vite... Il est des voyages dont on ne revient pas indemne, qui nous bouleversent tant que l'on regarde la vie comme une corne d'abondance où tout se fait nourriture. Là, l'horizon diapré ressemble à une mangue, les nuées diaphanes se drapent de pétales de rose, les nuages sont fleurs de nélombo et feuilles de jasmin. La vie, une gourmandise délectable, infinie résurgence où volent des vents cristallins venant affleurer les dunes. Et puis, le soudain désir de vous convier à un voyage au gré des saveurs, une flânerie savoureuse où se cueillent marées nourrissantes et remous sentimentaux, vagues émotionnelles et senteurs épicées, où l'existence se devine en un Jeu coloré, furtif élan du cœur et tendre effleurement de l'âme, où le Divin n'est jamais loin de l'humain. Une bien étrange nourriture, me direz-vous. Oui, je sais, cette ardeur contenue dans le creux des pupilles des hommes et des femmes de ce singulier subcontinent peut faire crainte mais la vie, n'est-elle pas une friandise dévorante ? Je sais, l'Inde ne se vit pas comme un long fleuve tranquille. Il réside en elle toute une palette infinie de couleurs et de saveurs, à vous étourdir, à rendre fou ou amoureux. Mais n'est-ce pas le propre de la vie que d'aimer et d'être aimé ? Or, vivre dans le secret de l'âme indienne est vertige, intensité, éblouissement, inquiétude : tant de lumière rasant tant de noirceur fait perdre l'âme... J'ai appris que l'on n'est jamais ni tout à fait blanc, ni tout à fait noir, que le meilleur côtoie le pire sans l'ombre d'un remords, car le plus fort est la Vie.

La vie est une danse. Danse, danse. Danse de la vie, danse dans la vie sur les pas brûlants de Shiva. Ainsi, reprendre la route à vos côtés, ce lent cheminement de vous à moi, une terre suspendue entre « plus tard » et « bien avant ». J'aspirerais à porter vos pas au fil des rivages océaniques et millénaires du Jardin des Délices. Je vous chuchoterais que ce joli nom désigne la terre du Kerala, terre-mère des épices, regorgeant de senteurs et je vous raconterais son histoire.

Côte à côte silencieux, pas à pas intérieurs, attentifs l'un à l'autre, nous avions marché dans les brumes du temps... Tout avait été dit dès la première fois, pourtant l'évidence des mots s'était flétrie jusqu'à l'absence. Les pétales du lotus nouvellement épanouis s'étaient refermés sans un geste, l'Inde éternelle entre nous. Je repris le chemin seule, détournée. Tout n'en fut que plus intense et saisissant. Jusqu'à ce jour, où je vous ai revu. Tout est rasa : sentiments, nourritures, émotions, silences, parfums, songes et regards.

Je vous écris, je vous murmure : « Soyez "Soi"... et n'ayez crainte... » Il n'est qu'un rêve. Juste le rêve d'une rêveuse qui rêve aux portes du monde.

Ai-je fait un rêve éphémère, ambitieux, inaccessible, illuminé ? Un rêve, me direz-vous ? Peut-être, qui sait... Un songe où il suffirait d'être meilleur, pas le meilleur. Un rêve indien entre vives eaux et feu mystique, réalité vivante et pure lumière, où l'Intangible et l'Éternel se fondent dans le cœur des hommes. Là-bas...

Lettre I

L'orée des saveurs

« Pour maintenir le corps en bonne santé, nous avons besoin, avant tout, d'un régime alimentaire et d'un sommeil sains. »

CharakaSamhitâ, Section I, chapitre XXI [43-51]

11 mars, Calicut.

Je vous sais gourmet et gourmand, cuisinier à vos heures. Je vous rendrais amoureux des saveurs, mais pour cela je me dois d'entrer davantage dans la narration et l'histoire. L'Âyurveda, née il y a 7 000 ans en Inde, à la fois philosophie, spiritualité, médecine et art de vivre, propose un chemin de santé où nous sommes responsables de notre bien-être. Science sacrée de la guérison, médecine inspirée, l'Âyurveda a puisé sa pensée et sa sagesse au cœur même des Veda, et a influencé toutes les médecines, traçant les lignes de ce que serait la santé parfaite.

La pensée âyurvédique se fonde sur un enseignement oral. Elle s'appuie autant sur des traités médicaux, comme la CharakaSamhitâ, une observation précise et une expérimentation ancestrale, que sur une connaissance intuitive découlant de l'expérience révélée par ses applications pratiques étudiées et approfondies chaque jour.

S'appuyant sur l'aspect ternaire (corps, esprit, âme) de tout être, l'Âyurveda s'intéresse à tous les aspects de la vie humaine ainsi qu'à l'expression des maladies. Elle appréhende l'être dans sa globalité. Ressenti et considéré telle une Unité, il est perçu et scruté comme une combinaison ingénieuse des cinq sens, du cœur, du corporel et de la conscience qui ne cesse d'évoluer et d'échanger avec son environnement :

- échange de matière : entre la terre, le terrain personnel[1] et les nourritures absorbées ;
- échange d'énergie : entre l'Énergie universelle et les énergies internes ;
- échange d'informations au cœur du système fonctionnel (nutriments, respiration, air, etc.).

L'Âyurveda a donc pour objectif non pas seulement de guérir la personne en souffrance, mais de prévenir tout déséquilibre éventuel. Son but essentiel est de maintenir comme de rétablir l'équilibre, de ré-harmoniser un organisme perturbé tout en renforçant les défenses naturelles par une hygiène de vie et une diététique appropriée à chaque être. Et pour cela, elle a trouvé une réponse intelligente : bien se nourrir pour bien être.

Manger est alors un Art et un Yoga, un état d'esprit reposant sur la responsabilité de chacun. Il est une éloquence, une philosophie, un idéal, une métaphore, une façon de vivre, de goûter la vie.

1. Ce qui est structure à l'intérieur du corps et le mode réactionnel de chacun.

Leçon 1

La santé est physique et spirituelle

Attachée à entretenir la santé physique, corporelle, mentale et spirituelle, l'Âyurveda s'est préoccupée tout autant du corps que de l'esprit. Elle a ainsi développé une prévention de qualité, en s'attachant davantage à la cause de la maladie qu'à l'effet ressenti ou symptomatique. Agissant sur les défenses naturelles de l'organisme et la protection du système immunitaire, clé de voûte de l'équilibre interne, elle prend en compte les facteurs environnementaux de l'être, tout comme son identité propre (ce qui fait *sa* différence, son individualité).

L'Âyurveda a une vue extrêmement précise de ce qu'est la bonne santé et préconise un certain nombre de mesures pour y parvenir. Dans la CharakaSamhitâ, on peut lire : « *La bonne santé se résume à la parfaite harmonie du corps, des organes sensoriels, du mental et du Moi. On lui connaît quelques synonymes tels : conservation, vie saine, équilibre constant, durée*[1]. » Il est souligné que le terme « santé » renferme trois expressions synonymes : « *la persistance de la conscience introvertie, le mouvement naturel de la vie, le flux ininterrompu d'énergie. On y ajoutera*

1. Section I, chapitre I [41-42].

tout ce qui permet au corps de survivre[1] ». Dépassant de très loin notre approche de la santé, cette définition augure l'ouverture d'esprit avec laquelle la conscience thérapeutique et le soin préconisé réfléchissent la maladie et l'être en souffrance.

1. Section I, chapitre XXX [22].

Leçon 2

L'Énergie est Tout, l'Énergie est trois...

Pour l'Âyurveda, l'Énergie est Tout et la connaissance du corps ne peut donc simplement reposer sur une représentation anatomique, médicale, physiologique ou un savoir scientifique, biologique, chirurgical. Tout état du Vivant est tressé d'un tissu d'énergie tel un fourreau subtil, fin, sensible, fluide. Ainsi, tous les corps (humain, divin, animal, terrestre, céleste) sont composés de la même source énergétique, de la même Mère Énergie : « *Il y a un pouvoir mystérieux indéfinissable qui pénètre toutes choses. Je le sens, mais je ne le vois pas*[1]. »

Nommée **Shakti**, l'Énergie est tout à la fois. Énergie motrice, elle est la fleur qui s'ouvre ; dormante, elle est un serpent lové ; latente et potentielle, elle est la graine qui va germer ; cosmique, elle est la force vitale exprimée dans l'être humain ; cinétique, elle permet au corps et à l'esprit de fonctionner en parfaite coordination. Marque et pouvoir d'action, elle est oscillation permanente, flux, reflux et mouvement, souffle et pensée. Puissance de manifestation de la Déité, elle est son énergie la plus intense et la plus active : « *Tu es l'Énergie divine qui se manifeste dans cet univers. Tu es l'Être sans forme et Tu es aussi avec forme*[2]. »

1. Mahatma Gandhi, Young India, 11 octobre 1928.
2. Shrî Râmakrishna, cité par Jean Herbert, in *L'Hindouisme vivant* (Ed. Dervy-Livres, 1983).

L'Énergie divine se partage en trois énergies particulières, nommées Guna, à la fois matière, substance, caractéristique et mode d'existence de la nature. Appelées aussi cordes, elles personnifient l'Énergie Une et signent les trois qualités déterminantes de l'existence. Attributs et qualités de l'Énergie première (physique et divine) exprimés par la trimûrti (Brahmâ, Shiva et Vishnu, déités et principes de toute existence), elles définissent le potentiel conditionnel, s'exprimant par le plaisir.

- *Sattva* Brahmâ est la réalité de l'âme ; il crée, met en mouvement, impulse une énergie.
- Source de l'activité, agissant par la souffrance, *Rajas* Shiva la poussière de l'esprit : il détruit les imperfections, ce qui entrave l'être dans son évolution, tranche ses hésitations et ses doutes.
- Frein de l'action, contraignant l'élan par l'inertie, *Tamas* Vishnu l'obscurité du corps ; il protège et conserve le corps, nécessaire à l'incarnation de l'âme dont il est l'étui et l'attelage.

Sattva

Essence de l'éveil, **Sattva** est la substance de l'âme. Qualité pure, elle répond à l'élément Feu et au nom de Brahmâ (l'Absolu). À l'origine de l'équilibre, elle est stabilité, source de cohésion, de lumière et de sincérité. Sattva personnifie la quiétude consciente, le champ mental, le conscient et incarne le fait d'Être. Elle donne esprit de décision, courage, détermination et force intérieure. Elle pousse l'être vers la connaissance, la verticalité, l'approche du Divin.

Rajas

Force vitale active qui s'exprime en Sattva et Tamas, **Rajas** est la substance de l'esprit. Il correspond à l'élément Air ou Vent, et au nom de Shiva[1]. Rajas traduit le mouvement dynamique, le champ de pouvoir et

1. Shiva : bienfaisant, propice, de bon auspice, salutaire, heureux. Bien-être, prospérité, bonheur, bénédiction.

conduit à l'action. Il intensifie l'affectivité et l'émotivité, et accentue la flamme intérieure, fait de l'être un être passionné, actif, désirant, aimant. Il donne le goût de l'étude, l'appétit de savoir et développe la volonté, l'exigence, le besoin absolu d'agir et la vigueur cérébrale.

Tamas

Énergie potentielle, **Tamas** est la substance du corps. Il correspond à l'élément Terre et au nom de Vishnu[1]. Champ de matière, il figure l'inconscient, ce qui est obscur ou encore à l'état de latence. Tamas représente l'ignorance nécessaire à l'appréhension de la vie. Il recouvre l'âme de voiles, plonge l'esprit dans les ténèbres, force l'être à entrer dans la matière. Il est la puissance qui pousse l'être à prendre corps, à s'incarner, à incarner ses pensées et ses désirs. Il est la mise en sommeil obligée afin que l'être puisse puiser au plus profond de son être sa qualité essentielle, celle de sa véritable nature.

1. Vishnu : de la racine *vish-* : excréments, ordures.

Leçon 3

La Nature est cinq...

Lorsque les potentialités de l'Énergie et de la Matière s'associent, elles deviennent Prakriti, la première individualité constituée, la création primordiale. Prakriti est la Nature personnifiée prenant corps pour donner naissance à toute forme corporelle et organique. Point délicat d'équilibre des Guna (Sattva, Rajas, Tamas), substance active de l'univers et de tous les êtres, dynamisme animant l'air et toutes les trames énergétiques, principe de stabilité, puissance procréatrice au sein de l'univers mais également en l'homme, elle est « *âme éternelle qui réunit tous les éléments physiques, vitaux et mentaux quand elle constituera un être vivant*[1] » et elle est considérée comme la manifestation initiale des cinq éléments cosmiques (Espace, Air, Feu, Eau, Terre) dénommés Mahabhûta.

L'Espace

L'Espace, Âkâsha, se déploie, se déroule, rayonne, s'étend. Étendue indéfinie, non limitée, il manifeste le corps, l'aidant à s'exprimer. Prédominant dans les oreilles et l'ouïe, résidant dans le cœur, il occupe le vide et emplit tous les espaces (du plus grand à l'infinitésimal) exis-

1. Jean Herbert, in *L'Hindouisme vivant*, Ed. Dervy-Livres, 1983.

tant en toute chose. Il possède des qualités de possessivité, d'infinie petitesse, de non visible, de non perceptible et de subtilité et influe sur le psychisme, régissant le sentiment de peine, la tristesse et l'impression de vide.

L'Air

L'Air, Vâyu, se disperse, se répand, exhale, souffle, vente. Imperceptible, délicat, puissant, il tisse et entrecroise les énergies du corps. Prédominant dans la peau et le toucher, siégeant dans les poumons, il est substance de tout mouvement (respiratoire, cardiaque ou stomacal). Il possède des qualités de légèreté, de mobilité, de rugosité et influe sur le psychisme régissant la pensée, l'émoi, l'imaginaire, l'angoisse, le doute, le tourment intérieur et le sentiment de peur.

Le Feu

Le Feu, Tejas, aiguise, excite, incite, tranche, endure, supporte avec fermeté. Il est puissance et force, mouvement ascendant, changement et transformation. Prédominant dans les yeux et la vue, résidant dans le foie (vésicule biliaire), il relie le corps à la vie tout en régissant la capacité digestive. Il possède des qualités de chaleur, de légèreté, de tranchant et de liquidité et influe sur le psychisme en dirigeant l'intelligence, l'intellect, la concentration et développant la jalousie, l'avarice, la volonté (de pouvoir ou de puissance) et la colère.

L'Eau

L'Eau, Apas, régénère, s'écoule et descend au sein de l'organisme, court, jaillit, entraîne, prive, écarte, supprime, aplanit les difficultés et calme les effervescences du corps. Prédominante dans la langue et le goût, siégeant dans la rate (pancréas) et l'estomac, elle donne le goût de la vie au corps. Elle possède des qualités de froideur, de liquidité, de tendresse et de douceur et influe sur le psychisme en intensifiant l'émotivité et l'affectivité, la sentimentalité excessive, l'attachement, l'égoïsme et la tristesse, la difficulté à travailler dans la durée et la sensation de fatigue car elle règne sur la qualité du sommeil.

La Terre

La Terre, Prithivî, structure, concrétise, attache, lie, étouffe, enserre et resserre. Prédominante dans le nez et l'odorat, résidant dans les reins (vessie), elle se manifeste dans l'ensemble des structures solides corporelles (chairs, muscles, os) et est présente dans tout ce qui est lourd, dense et lent. Elle possède des qualités de lourdeur, de solidité, de stabilité et de densité et influe sur le psychisme en rendant le corps pesant, l'esprit grossier et l'organisme inerte, exacerbant le besoin de sommeil, tout en développant le sentiment de confusion, l'attachement et la complaisance envers soi-même.

Leçon 4

La leçon cosmique : l'être n'est pas que matière…

Pour la pensée indienne, le corps est indispensable à l'incarnation et à l'expérimentation. Lieu de macération et parcelle de matière, il offre à l'être un espace empirique des plus marquants.

Créature de désirs, d'impressions, d'empreintes et de sensations, l'être humain est un individu unique et différencié. Il manifeste le *Je* (personnel, intime), éprouve le sens de l'ego (Ahamkâra) et possède la conscience de soi. Le corps est son champ de vie (Kshetra), le sol au sein duquel le *Je* grandit, évolue, apprend, comprend. Il est un terrain d'expérience aux formes évoluantes, en continuel mouvement et permanente mutation.

Le corps dans l'Âyurveda est décrit comme un fourreau au sein duquel l'Énergie et l'ensemble des flux énergétiques animant la corporéité tracent une toile imperceptible et vulnérable, tissant une trame fluide entre les çakra, les organes et les souffles vitaux. Le corps n'est pas seulement un montage de viscères, de chair et d'os, parcouru de vaisseaux sanguins et d'artères, de centres nerveux et de cellules, le tout contraint par une enveloppe charnelle. Il porte en lui les cinq éléments cosmiques : Espace, Air, Feu, Eau, Terre, à des degrés distincts selon chacun. Ils produisent la force vitale, le principe de vie et créent la constitution de base, ou Dosha, de l'être.

Engendrant le terrain et le mode réactionnel, les Dosha, au nombre de trois, peuvent aussi signaler un élément en dysfonctionnement et une maladie désignée. À cette combinaison subtile, l'Âyurveda appose à une composition corporelle très élaborée une empreinte bioénergétique complexe : une grille énergétique composée de « fils » nommés nâdî et de points corporels sensibles appelés marma.

Nos Dosha natifs définissent aussi nos humeurs, on évoque ici imperfections, manquements ou erreurs, un « défaut de style » au sein duquel s'inscrivent les mémoires héréditaire, génétique, familiale, ancestrale, émotionnelle et karmique. Un équilibre relatif des trois Dosha préexiste à la naissance. Ils sont potentialité, alternative et choix qui s'exprimeront en fonction de la façon dont l'être va extérioriser, incarner et développer sa destinée.

Chaque Dosha agit respectivement sur les plans corporel, sensitif, cérébral (esprit) et spirituel (âme), gouverne l'ensemble des fonctions physiologiques et psychologiques de l'être humain et régit la délicate relation corps/esprit/âme.

Ce qui suit, je pense, va fortement vous interpeller. Cela vous rappellera sans aucun doute la théorie des humeurs et les fameux tempéraments d'Hippocrate chers à la naturopathie. N'oublions pas que l'Âyurveda a inspiré les thérapeutes du monde grec qui ont puisé dans ses concepts diverses notions, mais aussi ceux d'Asie centrale, de Chine, du Japon, du Tibet, de l'Asie du Sud-Est et de la médecine arabe. Toute médecine a quelque chose d'âyurvédique.

Issus des cinq éléments couplés, les trois Dosha sont les suivants :

- Vâta constitué des éléments Espace et Air, définit le type sanguin ;
- Pitta, éléments Feu et Eau, définit le type bilieux ;
- Kapha, des éléments Eau et Terre, avec une subdivision : l'Eau en prédominance engendre un Kapha dilaté dit de type lymphatique ; la Terre en prédominance génère un Kapha rétracté dit de type nerveux.

Il est assez rare, en effet, que les éléments formant un Dosha soient en équilibre parfait et en rapport égal.

Vâta

Vâta crée les réflexes et stimule les nerfs, transmet les impulsions sensorielles au corps et à l'esprit. Il apporte enthousiasme et créativité, les émotions et les pensées s'expriment par ses élans. Il fait couler les larmes, suscite les battements du cœur, encourage l'inspiration et l'expiration, incite les fonctions motrices à s'animer, agit sur la force de vie et maintient la conscience grâce au prâna. Il soutient la circulation du sang, celle de l'oxygène et des substances nutritives, accompagnant les sucs digestifs et favorisant une élimination normale des déchets. Il effectue la transformation subtile et énergétique des tissus vitaux, active l'éjaculation et la sortie facile du fœtus hors de la matrice.

Pitta

Pitta mène toutes les transformations se produisant à l'intérieur du corps et dans l'esprit. Il modifie, résorbe, assimile, permet de comprendre les impulsions sensorielles, d'incorporer les pensées. Il anime l'intellect, suscite la discrimination et la juste compréhension des choses, excite le raisonnement, apporte la joie et la confiance. Il agit sur la digestion, l'absorption et l'assimilation des nourritures : Pitta dévore (aliments, émotions, idées, etc.) et tend à s'identifier parfois beaucoup trop à l'autre en s'appropriant son histoire. Il crée la sensation de faim et de soif, développe l'appétit en le rendant parfois excessif. Il équilibre la température du corps, intensifie l'éclat des yeux, de la peau et de l'intelligence, accentue la vision (chez Pitta, tout passe en premier par le regard).

Kapha

Kapha lubrifie et protège l'organisme, distribue la chaleur à l'ensemble du corps, lui donne fermeté et densité. Il veille sur les muqueuses par sa qualité d'onctuosité, apporte douceur et rondeur au corps et à l'esprit qu'il sécurise et rassure. Il approvisionne le corps avec tout ce qui lui est nécessaire pour être endurant et fort, agit sur la longévité des cellules et sur le sommeil, stimule la mémoire et intensifie le sentiment de compassion.

Certes, cette conception est hautement intéressante et offre des hypothèses de réflexion sur le sens de la maladie et la façon dont chacun fait face, réagit, se défend. Mais ce qui fait la différence et l'excellence de la pensée âyurvédique est qu'elle a complété son observation en s'interrogeant sur l'expérience du corps et sa temporalité. Elle implique la recherche de l'Absolu (du Tout-Un Divin), la tentative de la pérennité et la vérification de la matérialité : œuvrer, marquer d'une fragile empreinte l'existence, accepter de traverser la vie en pèlerin fugace et accueillir le Moi indispensable à la corporéité. Multiple, (re)créé par la conscience, notre corps manifeste l'expression de l'Énergie divine et ne cesse de croître intérieurement. Lieu de transformation, il témoigne de la présence du Soi suprême (Brahman) ; réceptacle de l'Âme, il est l'instrument accordé à l'être pour la réalisation spirituelle et le support de l'Énergie cosmique. Le corps ne cesse de devenir, il ne saurait être achevé.

Leçon 5

... mais l'être est aussi matière

Sans la corporéité, l'incarnation n'aurait pas réellement de sens et ne pourrait pas développer toute son abondance. Le corps se doit donc d'être respecté, protégé et préservé. Et l'Âyurveda s'est longuement penché sur la question : le corps, s'il n'est pas que matière, est aussi matière. À force d'observation et d'attention, elle est parvenue à décrypter le corps notamment au niveau des **tissus vitaux** qui le composent. Nommés **Dhâtu, au nombre de sept,** ils sont définis comme étant la structure de l'organisme : ils le construisent tout en soutenant le mental, l'émotionnel et le physique, ils en maintiennent l'assemblage architectural et désignent également les éléments nutritionnels de l'organisme et leur physiologie.

Énergies palpables nourrissant le corps, les Dhâtu sont respectivement : Rasa, le plasma, les fluides et la lymphe ; Rakta, le sang, le tissu sanguin et les globules rouges ; Mâmsa, la chair, les fibres nerveuses et les tissus musculaires ; Meda, la graisse et le tissu adipeux ; Asthi, les os et le tissu osseux ; Majjâ, la moelle et le tissu nerveux ; Shukra, la semence et le tissu reproducteur.

Interdépendants, ils n'ont du sens que les uns par rapport aux autres et s'animent mutuellement par l'énergie Feu sous sa forme d'Agni (feu métabolique et digestif). Actifs, mouvants et mobiles, ils ne cessent d'évoluer, de « muer » et d'animer le corps ; ils ne sont ni figés ni fixes. En mouvement ininterrompu, ils effectuent leur cycle selon un rythme précis. Grâce à leur activité incessante, les nutriments peuvent circuler naturellement et nourrir l'organisme.

S'ils se trouvent en excès ou en déficience, cela fait naître bon nombre de malaises et de troubles sur les plans physique, physiologique, psychique, mental, spirituel. Classés selon leur production au sein de l'organisme, ils sont perçus comme une succession de transformations et d'épurations à l'intérieur du corps. Ils affectent tout autant les sens, l'esprit et le psychisme, qu'ils influencent en les préparant à agir et réagir. Cet ensemble de tissus s'appuie sur Raja (l'un des trois Guna), l'argile, les particules de poussière et la terre constituant le corps physique, et c'est dans l'imperfection (Dosha) que les Dhâtu puisent leur force, dirigent en souplesse et soutiennent le corps.

Leçon 6

Nourrir la vie

L'Âyurveda prête une attention toute particulière à la qualité de vie, l'alimentation, l'hygiène personnelle et l'entretien du corps. Préserver l'immunité et renforcer journellement les défenses naturelles du corps est l'un de ses impératifs premiers. Pour ce faire, les aliments, notamment les épices, contribuent largement à la protection et au soutien du système immunitaire. En effet, si l'on apporte une alimentation insuffisante, l'immunité régresse. Les excès en tous genres – exercice physique, jeûne, réactions émotionnelles trop vives, trop manger, etc. – sont considérés comme néfastes et abîment les défenses naturelles. La diététique âyurvédique insiste grandement sur ce point et se montre extrêmement vigilante sur les qualités nutritives et l'état d'esprit avec lequel les aliments sont absorbés par le corps.

Le désir de vie (avoir goût à la vie) et l'espoir vital sont facteurs spontanés d'équilibre. Bien se nourrir, faire attention à ce que l'on absorbe, pense et ressent favorise la plénitude et suscite la cohésion entre les différents composants de l'être : « *Ce que l'on considère comme salutaire ou sain se résume à ce qui ne nuit pas au corps et se trouve en accord avec nos besoins, selon le tempérament de chacun*[1]. » L'une des bases pour préserver l'harmonie est de s'alimenter en conscience, c'est-à-dire

1. CharakaSamhitâ, Section I - chapitre XXV [45-47].

être attentif au Soi (Âtman), savoir entendre les réels besoins du corps sans les réprimer, s'entretenir avec attention, prendre plaisir à la vie et déguster ce qu'elle offre, mener une existence saine en accord avec sa nature. Ainsi, « *celui qui mange sainement et contrôle sa vie et sa santé vivra trente mille nuits (c'est-à-dire cent ans)*[1] ».

1. CharakaSamhitâ, Section I - chapitre XXVII [348].

Leçon 7

Les leçons de la CharakaSamhitâ

Traité majeur s'il en est, la CharakaSamhitâ[1] est indispensable pour comprendre l'âme de l'Âyurveda. Si vous souhaitez rencontrer le cœur de la médecine indienne, sa lecture ne peut être écartée.

Sa première version daterait de 1500 avant notre ère et aurait eu pour rédacteur Charaka, médecin à la cour du roi Kanishka. Mais le mystère demeure car il y aurait eu plusieurs médecins portant le nom de Charaka. Dans tous les cas, le texte que nous possédons aujourd'hui aurait été rédigé durant un colloque d'érudits, d'ascètes et de sages, dans l'Himalaya. Il restitue l'enseignement d'Âtreya Punarvasau recueilli par Agnivesha, l'un de ses disciples, et connu sous le nom d'Agniveshatantra (le livre d'Agnivesha), à son tour, retranscrit et révisé par Charaka. Voilà pour la légende et l'histoire, l'une et l'autre indissociables dans le monde indien.

1. Les trois volumes de la CharakaSamhitâ viennent d'être traduits du sanscrit en français grâce au rigoureux travail de Jean Papin (Ed. Almora).

Texte fondateur s'il en est, la CharakaSamhitâ est un traité capital, extrêmement précis et fort complet, qui pose les fondements médicaux et la vision spirituelle de l'Âyurveda.

Sont étudiées et explicitées la physiologie et la médecine interne, la prévention des maladies, la théorie des Dosha et les différents traitements opérants.

Sont abordées la nutrition et les purifications corporelles, la psychologie et la psychiatrie, l'éthique médicale, la philosophie et la relation médecin-patient, l'étiologie, le diagnostic et la pharmacopée.

La CharakaSamhitâ évoque également la quête du bonheur, l'impact du karma sur la destinée humaine et la délivrance spirituelle.

Elle expose les règles d'une bonne hygiène de vie indispensable pour conserver la santé, indique comment l'améliorer afin d'éviter les maux présentant la capacité de corrompre l'équilibre du corps.

Considérant que l'origine des maladies provient d'une perte de confiance de l'être en sa propre nature divine (Âtman), elle insiste sur le fait que chacun doit reconnaître sa nature divine. C'est à cette seule condition que l'être devient capable de tirer pleinement parti des dons, des talents ainsi que des forces intérieures (principe de vie, force d'âme, énergies organiques et subtiles, etc.) qu'il possède naturellement en lui. Lorsque l'être est en harmonie avec lui-même, les maux du corps s'éteignent : « *Lorsqu'il est utilisé intelligemment, le corps devient un des principaux instruments qui permettent d'atteindre le but essentiel de l'existence humaine : la perfection*[1]. »

Ainsi, tout au long de son histoire et de son évolution, la médecine indienne n'est jamais séparée de la spiritualité. D'une actualité étonnante, savamment argumentée, la CharakaSamhitâ aborde également les règles diététiques et leurs relations avec les traitements. En effet, se nourrir sainement soutient le corps lorsqu'il connaît des déficiences (maladie, dysfonctionnement, anémie, etc.), favorise l'efficience des remèdes, accentue l'efficacité des préparations thérapeutiques au sein de l'organisme, rééquilibre les Dosha fragilisés par le mode de vie. Elle nous rappelle que nous devons garder en mémoire que les phénomènes

1. CharakaSamhitâ, introduction.

agitant le Vivant ne cessent d'interagir et de s'influencer mutuellement, touchant ainsi les domaines psychologique, biologique, organique, émotionnel, somatique, nutritionnel et psychique.

Toutefois, présenter les règles telles qu'elles sont exposées peut poser problème ; la façon de s'alimenter en Inde, notamment la diversité des viandes, a de quoi surprendre voire désarçonner : chacal, vautour, python, panthère, porc-épic, dauphin, outarde, mésange, pour n'en citer que quelques-unes... Certes, cela peut vous paraître déconcertant.

Bien qu'il soit peu aisé d'adapter et d'adopter l'ensemble des règles et conseils en particulier alimentaires, il est toutefois possible de s'inspirer de la trame thérapeutique et des règles de la diététique indienne car elles sont judicieuses. Certaines d'entre elles s'avèrent même révolutionnaires tant elles semblent en avance sur notre temps. Les comprendre peut aider considérablement celles et ceux qui souhaitent réapprendre à se nourrir convenablement, et nous pouvons nous en inspirer avec bonheur.

Leçon 8

Les 8 facteurs définissant la méthode alimentaire

Les huit facteurs définissant la méthode alimentaire[1] reflètent parfaitement les préoccupations sur la manière la plus juste de se nourrir et le regard porté sur la santé par les théoriciens de l'Âyurveda. Je vous en propose la lecture.

1. « La nature doit être comprise comme "nature fondamentale" propre à chaque substance, c'est-à-dire les propriétés essentielles, telles la pesanteur, etc., des produits utilisés comme aliments ou remèdes. »
2. « Le mode d'emploi consiste à mettre en valeur certains produits naturels en faisant ressortir toutes leurs propriétés, par exemple par transformation au contact de l'eau et du feu, par épuration, par barattage, en choisissant le meilleur lieu et le moment propice, par macération, etc., et également par l'utilisation sur une longue durée ou l'emploi précis de certains ustensiles. »
3. « Les associations : il s'agit du mélange intime de deux ou plusieurs substances. Cela permet de faire ressortir des propriétés qui n'apparaissent pas avec l'emploi de chaque substance

1. CharakaSamhitâ, Section I, Chapitre I [22]

prise isolément. On peut citer par exemple l'association du miel et du beurre clarifié, ou celle (désastreuse !) du poisson et du lait, etc. »

4. « Les quantités s'entendent comme "apport global" et "apport particulier", ce qui détermine le volume de nourriture consommée avec ou sans discernement. L'apport total de la masse alimentaire nécessaire est donc désignée comme sarvagraha, alors que le terme parigraha s'applique à la consommation individuelle, plus fluctuante. Cela veut dire que les besoins en apport global doivent être confrontés aux réalités de la consommation personnelle (parfois anarchique). »
5. « Le lieu concerne aussi bien l'endroit où poussent les plantes que la manière dont les substances sont géographiquement distribuées ou leur lieu de provenance ; en effet, leur efficacité dépend étroitement de leur origine. »
6. « Le temps, c'est-à-dire "le moment", quoique jamais immobile, est cependant déterminant car il reste en relation directe avec l'évolution de la maladie. C'est pourquoi l'efficacité des remèdes varie en fonction du mouvement temporel, des heures et des saisons. »
7. « Le mode d'emploi consiste en la juste observation des règles diététiques, pour la parfaite assimilation de la nourriture. »
8. « Le consommateur est désigné par le terme upayoktâ. C'est de sa rigueur alimentaire que naîtra l'efficience, en rapport étroit avec la santé. »

Les facteurs spécifiques de la diététique peuvent engendrer séparément « *de bons ou de mauvais effets, mais lorsque l'on tient compte de l'ensemble, ils sont bénéfiques. Il faut essayer de bien comprendre leur signification et ensuite, bien entendu, avoir le désir d'entretenir sa santé et de mener une vie saine. Ce qui nous plaît (aliments ou toute autre chose) mais qui est malsain et entraîne de fâcheuses conséquences sera écarté, que notre attirance provienne de l'ignorance ou du laisser-aller*[1] ».

1. CharakaSamhitâ, Section I, Chapitre I [23]

L'observation attentive des réactions du corps et de notre relation aux nourritures permet de déterminer ce qui est bon pour nous. Ici, nulle recette n'est appliquée ni applicable, tout est centré sur l'individu, c'est-à-dire ce qui est propre à chacun. Et nul besoin de commenter plus avant ces justes observations et fort à propos.

Lettre II

L'alphabet des saveurs

« Faites bien attention car ce que vous placez dans votre conscience, vous le devenez. »

Sri Nisargadatta Maharadj[1]

4 août, Cochin.

Je vous offre quelques aperçus fort intéressants sur la diététique âyurvédique idéale ou, si l'on peut dire, l'idéal de la diététique âyurvédique. Dans tout idéal se trouve une part de rêve, une pointe de mythe et de légende, beaucoup de réflexion, d'observation, d'empirisme et de réalisme, mais aussi d'idéalisation et d'interrogations, une palette de desseins et de possibles. Je crois que vous aimerez cette idée.

1. « Sois », Les Deux Océans.

A comme...

Ache des marais (yavanî)

Véritable stimulant d'Agni, il est dit que l'ache des marais « *seule aide à digérer cent sortes de nourriture* ». Tonique, digestive, elle éperonne le tonus intestinal et active les fonctions rénales. En modifiant le terrain, grâce à ses vertus antioxydantes, elle élimine toutes les toxines (Âma) et revivifie la force vitale (Prâna). De saveur piquante, amère et douce, de qualité chaude et fraîche, elle vivifie Vâta et Kapha, et réveille Pitta.

Acide (amlarasa)

> « *La saveur acide intensifie le goût des aliments et stimule le feu (agni). Elle favorise la corpulence, apporte de l'énergie, éveille le mental, aiguise les sens, donne de la force, excite l'air, sature le cœur, fait saliver. Elle active la digestion et humidifie les aliments. Elle apporte satisfaction car elle est légère, chaude et onctueuse. Cependant, si on l'utilise seule ou si on en abuse, malgré ses grandes qualités, elle peut affecter les dents et la vue, causer une soif extrême, faire pousser les poils, détruire l'élément eau-lymphe (kapha) et aggraver l'élément feu-bile (pitta). Elle peut aussi provoquer des troubles sanguins, des échauffements musculaires et une hyperlaxité des tissus, des œdèmes intempestifs, des lésions, de l'amaigrissement et de la faiblesse parce que sa nature ignée pousse à la suppuration des plaies, des blessures, des morsures, des brûlures, des fractures, des œdèmes ; des taches peuvent apparaître et s'envenimer au contact des urines et des insectes. Les risques de compression, de fistules et de luxations s'amplifient ainsi que les dangers en cas de piqûres ou de fractures. Enfin, l'emploi unique ou excessif de la saveur acide peut causer des sensations de brûlure dans la gorge, le thorax et la région cardiaque*[1]. »

1. CharakaSamhitâ, Section I – Chapitre XXVI [43].

Agni (feu digestif)

Agni règne en maître sur les facultés digestives et cérébrales. Il touche à la fois le corps et l'esprit pour mieux transfigurer l'âme. Il est le feu indispensable et le plus puissant parmi les feux animant notre organisme : les cinq éléments et les sept tissus vitaux possèdent chacun leur propre feu. Chaque tissu a son propre « agni » (feu), qui correspond aux enzymes et aux sécrétions nécessaires à la création du tissu. Agni favorise leur révolution interne. Chacun d'eux répond d'un cycle de pénétration et de passage d'un tissu à l'autre, contrôlé et activé par un feu spécifique.

Lors du processus digestif, il va dissocier l'Espace, l'Air, le Feu, l'Eau et la Terre existant dans les aliments, activant le feu comporté dans chaque élément. Il y a un feu de l'Espace, un feu de l'Air, un feu du Feu, un feu de l'Eau et un feu de la Terre. Cette alchimie nourricière prend toute sa puissance dans le foie (d'énergie Feu) avant de réaliser la transformation du bol alimentaire. Ce dernier, après cette transmutation, va être à la fois porteur des cinq éléments provenant des nutriments modifiés, et des éléments composant le corps humain.

Agni contrôle l'ensemble des changements du corps (incluant à la fois le corps – matière – et l'esprit – pensées). Nous pouvons parler d'évacuation et de recyclage, ceci allant de l'élément le plus compact au plus subtil. Cet ensemble de transformations comporte à la fois l'absorption des nourritures (aliments, air, pensées, émotions, sentiments, « environnement »...) et la digestion. Il touche à la fois l'appareil gastro-intestinal avec ses différentes phases métaboliques, les cellules (qui ne cessent de se transformer), le cérébral (par l'assimilation de nos perceptions mentales et sensorielles) : on peut évoquer le système nerveux et ses résonances sur l'équilibre interne du corps (par le biais des expériences émotionnelles).

Ail (rashôna)

L'ail est un remarquable stimulant et tonifiant du système immunitaire. Antibiotique naturel exceptionnel, tonique digestif majeur, il disperse les amas alimentaires, active la digestion, chasse les impuretés du sang. Garlic, « ail » en indien, présente la particularité de renfermer cinq saveurs : sa racine est piquante, ses feuilles amères, la tige astringente, ses extrémités salées et ses graines douces, et de qualité chaude, elle agit sur Vâta et Kapha, améliore Pitta.

Âma (toxémie)

Nous sommes tous émissaires d'une toxémie spécifique dépendant pour une grande part de notre levain constitutionnel (Dosha) où sont impliqués énergie vitale, immunité, mode et hygiène de vie, alimentation, sommeil, émotions, environnement, hérédité, etc.

Nommée Âma, cette toxémie façonne le potentiel de développer une maladie. Elle peut prendre différentes expressions selon la constitution (Dosha) dominante individuelle et évoluer de façon distincte en fonction du terrain de chacun.

Selon l'Âyurveda, Âma désigne les toxines du corps, celles-ci pouvant provenir de poisons externes (remède chimique, aliment avarié ou pas frais, etc.) introduits dans l'organisme. Elles peuvent aussi :

- résulter de combinaisons alimentaires manquées, ou d'une élimination incorrecte des déchets (le corps produisant des colles ou des cristaux) ;
- dériver d'un feu digestif faible ou d'une perturbation au niveau des Dosha.

Âma signifie également ce qui n'a pas été cuit par Agni, le feu digestif, ce qui est demeuré cru dans le corps et auquel l'esprit n'a pas voulu croire. Elle signale la pensée immature, qui n'a pas été suffisamment réfléchie, ainsi que les nourritures que l'être n'a pas digérées, ce qui n'a pas été assimilé, accepté, pardonné, reconnu, et est reconnaissable lorsque, parmi les symptômes suivants, plusieurs se manifestent :

- la vitalité est en baisse avec paresse ou sensation de fatigue ;
- le corps semble lourd, pesant ;
- l'appétit diminue nettement ainsi que le sens gustatif allant même jusqu'au dégoût de la nourriture, l'inappétence s'accompagnant d'indigestion et de salivation excessive ;

- l'organisme a de plus en plus de mal à éliminer correctement, la quantité d'urine décroît fortement, la constipation devient habituelle ;
- des douleurs peuvent être ressenties au niveau du dos, des os ou des articulations.

D'autres signes peuvent témoigner de la présence d'Âma : bourdonnements d'oreille, éternuements répétés, états fiévreux et diarrhées fréquentes, vertiges, éblouissements et maux de tête quotidiens, modification de la couleur des selles, coloration jaunâtre des ongles, des dents, du blanc des yeux, de l'urine et des selles.

D'une manière générale, Âma génère une obstruction des canaux naturels et énergétiques. Le corps et l'esprit ont beaucoup de mal à œuvrer de concert. Le manque de force (vitale, intérieure, physique) entraîne une sensation de pesanteur du corps et l'apathie de l'esprit. L'engorgement provoqué par les toxines entrave fortement le fonctionnement normal des organes. Ceux-ci se fatiguent vite car leurs fonctions se heurtent à des barrages constants : présence de stases physiologiques, de nœuds d'énergie, de tensions qui obstruent les voies de passage (vaisseaux, artères, tractus gastro-intestinal, capillaires, etc.) et gênent la circulation des fluides comme les échanges entre les différents systèmes corporels. Des dépôts (sels minéraux, nutriments, médicaments chimiques, etc.) non digérés alourdissent la fluidité énergétique, rendant l'être douloureux.

Amère (tiktarasa)

> *« La saveur amère n'est pas particulièrement agréable en elle-même. Malgré cela, elle efface les mauvais goûts. C'est un antipoison et un anthelminthique. Elle prévient les syncopes, calme les sensations de brûlure, les démangeaisons, apaise les maladies de peau (dont la lèpre) et la soif. Elle apporte fermeté de la peau et des muscles, est antipyrétique, apéritive, digestive, dépurative du lait, amaigrissante. Elle permet l'élimination des excès d'humidité, de graisse, de moelle, de lymphe, de pus, de sueur, d'urine, de fèces, de bile-feu (pitta) et d'eau (kapha). Elle est rude, froide et légère.*

Mais, en dépit de ses qualités, si on l'emploie seule ou en excès et, à cause de sa rudesse, de sa dureté et de sa propension à stopper la viscosité des humeurs, la saveur amère peut avoir une action desséchante sur la lymphe, le sang, les muscles, la graisse, l'os, la moelle et le sperme. Elle provoque un durcissement des vaisseaux, ôte la force, produit de l'amaigrissement, des malaises, de la confusion mentale, des vertiges, une sécheresse de la bouche et autres dérèglements de l'élément air. »[1]

Ananas (anammâsam)

Rafraîchissant, suave, l'ananas possède de nombreuses qualités curatives. Il expulse les toxines de part son action spécifique sur la flore microbienne. Drainant, il assainit l'organisme. Désinfiltrant les tissus encombrés, antioxydant, il soutient le corps. Digestif, il accélère la digestion. Toutefois, les femmes indiennes le consomment avec prudence car il a la réputation de rendre stérile.

De saveur douce et acide, de qualité fraîche, il stimule Vâta, équilibre Pitta et améliore Kapha.

Anis vert (shatpushpa)

Stimulant digestif, l'anis vert avive la circulation interne, l'appétit et la digestion. Diurétique, il favorise les sécrétions salivaire et gastrique, facilitant l'assimilation des nutriments. Il tempère également la saveur amère prononcée de certaines plantes et médicaments et donc est associé à de nombreuses préparations.

De saveur piquante et douce, de qualité tiède, il améliore fortement Pitta, harmonise Vâta.

1. CharakaSamhitâ, Section I – Chapitre XXVI [43].

Asa-foetida (hingu)

De saveur piquante et chaude, l'ase fétide est une gomme résine présentant une action tonique puissante sur la sphère digestive. Laxative légère, elle draine les toxines provenant d'une nourriture trop lourde. Antispasmodique, elle tonifie Agni (le feu digestif), atténue Vâta, fortifie Pitta, mais doit être utilisée à petites doses car elle renforce Tamas, obsurcit le corps et freine l'élan intérieur.

Astringente (kasâyarasa) ou âcre

> *« La saveur âcre ou astringente est apaisante et facilite la cicatrisation.[...] Elle apaise l'eau, le sang et le feu-bile. Elle agit au niveau des fluides corporels, est rude, froide et moyennement légère. Par contre, malgré ses immenses qualités et si on en fait un emploi exclusif ou abusif, la saveur astringente assèche la bouche, peut causer des maladies cardiaques, des flatulences, des extinctions de voix, des ralentissements de la circulation, des ecchymoses, provoquer de l'impuissance, de l'aérophagie, empêcher l'émission des gaz intestinaux, des urines, des selles et du sperme. Elle produit alors des malaises, de l'amaigrissement, de la soif, des raideurs[1]. »*

1. CharakaSamhitâ, Section I – Chapitre XXVI [43]

B comme...

Badiane (badayan)

Harmonisante exceptionnelle de l'énergie, la badiane est un puissant régulateur. Expectorante, stimulante et diurétique, elle facilite la digestion. Agissant de manière subtile, elle apporte cohésion et harmonie intérieure et développe le libre échange des apports énergétiques entre l'externe et l'interne, les organes et les tissus vitaux. De saveur piquante et douce, de qualité chaude, elle apaise Vâta et ravive Pitta.

Banane (kadalî)

Désintoxiquante, nutritive, la banane, consommée régulièrement, restaure la flore intestinale et dulcifie l'organisme. De saveur douce et astringente, de qualité fraîche, elle harmonise Vâta et Pitta, vivifie Kapha.

Basilic (tulasî)

Tonique nerveux, calmant et relaxant, le basilic est un exceptionnel antiseptique. Il est très actif lors de digestion lente ; il favorise la circulation d'énergie tout en vivifiant le sang. Comme le gingembre, il neutralise tous les toxiques et renforce le système immunitaire. De saveur piquante et douce, de qualité chaude et sèche, il apaise Vâta et Kapha, affermit Pitta.

Besoins naturels

L'Âyurveda prône de ne jamais contenir les besoins naturels corporels, ceci rompant l'équilibre interne du corps. « *L'homme avisé se gardera de retenir ses envies naturelles urgentes qui sont des nécessités vitales, uriner, déféquer, éjaculer, émettre des gaz intestinaux, vomir, éternuer, éructer, bâiller, manger quand on a faim, boire si on a soif, pleurer si besoin est, dormir ou respirer profondément après un effort*[1]. »

Ainsi endiguer les flatulences produit épuisement, embarras intestinaux et ballonnements et déséquilibre l'air ; s'empêcher de bâiller engendre engourdissements, tremblements, agitation, contractures, affaissement du corps ; ne plus ressentir le désir de manger génère faiblesse, vertiges, mauvaise mine, maigreur. La lassitude apparaît lorsqu'il y a insomnie ou le manque de sommeil dû à un mode de vie inapproprié. L'Âyurveda conseille une seule chose : « *Il n'existe qu'une solution : se laisser aller au sommeil et y inciter doucement le corps*[2]. »

Ce ne sont là que quelques exemples des refrènements organiques. L'Âyurveda préconise d'avoir la sagesse de ne pas façonner de barrières et donc de les prévenir en ayant le bon sens de laisser les besoins vitaux se faire naturellement.

> « *Si l'on souhaite les éviter, on s'efforcera d'abord de ne pas créer d'obstacles à ces besoins naturels. Celui qui aspire à un bien-être durable évitera tout ce qui, par la pensée, la parole ou les actes, pourrait contrarier le libre cours de ces nécessités organiques*[3]. »

Beurre (navanîta)

Le beurre non cuit, de saveur douce et astringente, de qualité légère, froide et onctueuse, dulcifie le corps, pacifie Vâta et Pitta, réajuste Kapha qu'il intensifie et modère à la fois. Ses propriétés principales sont de drainer les excès d'humidité dans le corps, de ranimer le sens gustatif (en cas de perte de goût), d'agir sur le foie et donc d'améliorer la vue.

1. CharakaSamhitâ, Section I, Chapitre VII [3-5].
2. *Ibid.*, [23].
3. *Ibid.*, [25-26].

C comme...

Cannelle (dârusitâ)

Elle vivifie le feu digestif (Agni) et régularise le souffle vital (Vâyu). Étonnante anti-infectieuse, elle soutient les constitutions affaiblies ou fragiles. De saveur piquante, douce et astringente, de qualité chaude, elle fortifie Vâta et Kapha, renforce Pitta.

Cardamome (elâ)

Joliment appelée « figure de lune », la cardamome est une épice incontournable. Tonifiante, elle vivifie la rate ; digestive, anti-fermentation, elle facilite la digestion gastrique, calme les nausées, élimine l'humidité interne, stimule les zones hépatiques et intestinales. Elle ranime le goût et la force vitale, régule les souffles vitaux et relance l'énergie organique. De saveur piquante et douce, de qualité chaude, elle harmonise Vâta et Kapha, tempère Pitta.

Céréales (Dhanyâ)

Tonifiantes générales, les céréales sont très nutritives et de saveur douce, avec des nuances selon les céréales.

Le blé

Le **blé**, « reine des céréales » dans l'Âyurveda, de qualité froide, onctueuse, sèche et lourde, assainit les sept Dhâtu, diminue Pitta et

Kapha, augmente Vâta. Il possède de grandes qualités nutritives, ce qui équilibre et maintient les Dhâtu. Laxatif, il nettoie les intestins.

Le froment

Le **froment** « *est un excellent cicatrisant ; il apaise les dérèglements de l'air, est doux, rafraîchissant, revitalisant, il donne de la corpulence. C'est un aphrodisiaque, onctueux, stabilisant et lourd*[1] ».

Le millet

Astringent doux, de qualité froide, légère et sèche, il apaise Kapha et Pitta, aggrava Vâta qu'il tend à constiper.

L'orge

Légèrement astringent, de qualité lourde et légère, l'orge est tonique. Cette céréale rafraîchit et favorise l'équilibre général, tonifie et atténue Pitta et Kapha, apaise les dysfonctionnements de l'élément eau, réveille Vâta. La farine d'orge grillée, de saveur douce, de qualité lourde et chaude, vivifie Vâta et Pitta.

Le riz

Il en existe de nombreuses espèces[2] : ils sont tous « *rafraîchissants, sucrés en saveur et en bioassimilation. Ils contiennent peu d'élément air, produisent des selles moulées et petites. Ils sont onctueux roboratifs, producteurs de sperme et diurétique. Le riz rouge est le meilleur de tous ; il calme la soif et apaise les trois éléments*[3] ». Quant au fameux riz basmati, « la reine du parfum », astringent, de qualité froide, légère et onctueuse, il fortifie le corps et agit particulièrement sur l'énergie du cœur, atténue

1. CharakaSamhitâ, Section I – Chapitre XXVII [21-22]
2. Il subsiste quelques 200 espèces de riz actuellement, alors qu'il y en avait plus de 2 000 à l'origine.
3. CharakaSamhitâ, Section I – Chapitre XXVII [8-12].

Pitta, renforce Kapha, accroît Vâta. Toutefois, l'Âyurveda déconseille le riz complet et la farine de riz.

Le sarrasin

De qualité chaude, il échauffe et calme Kapha.

Le maïs

Autrement appelé « blé d'Inde », le maïs est lui aussi astringent. De qualité lourde et onctueuse, il pacifie Pitta et Kapha.

Citron vert (jambîra)

Antioxydant et tonique, le citron vert est très consommé en Inde, en alimentaire, en phytothérapie et par les yogî, car il est connu pour neutraliser les vibrations nocives. Rééquilibrant, il renforce le système immunitaire ; excellent draineur, il assainit le sang et a une action efficace en cas de perte d'appétit. Diurétique, il aide à la perte de poids par son action drainante. Tonifiant et rafraîchissant, il facilite la digestion en aiguillonnant le métabolisme.

De saveur douce, acide, piquante, de qualité fraîche, il apaise Pitta, atténue Vâta et amplifie Kapha.

Coriandre (dhânyaka)

Diurétique, elle redonne de l'appétit, ravive le goût, facilite la digestion, étanche la soif excessive. De saveur amère, piquante et douce, de qualité fraîche et froide, elle harmonise les trois Dosha.

Cumin (jîrakâ)

Carminatif, stimulant, apéritif, le cumin présente une action capitale sur la sphère digestive : légèrement échauffant, il facilite l'élimination des stagnations (physiologiques et énergétiques). Tonique de l'estomac, il donne de l'appétit tout en permettant une meilleure assimilation des nutriments. De saveur amère, piquante et astringente, de qualité fraîche, il apaise les trois Dosha et renforce le système immunitaire.

Curcuma (haridrâ)

Fortifiant digestif majeur, excellent purifiant et tonifiant de l'organisme, il régularise le métabolisme, incite le renouvellement de la flore intestinale tout en l'assainissant. Il épure l'organisme, clarifie le sang, purifie le foie et les canaux subtils du corps (nâdî et çakra). Il stimule la fonction biliaire tout en la fortifiant. De saveur astringente, piquante, amère et salée, de qualité chaude, il vivifie Kapha et Pitta, améliore Vâta.

Cycles horaires et Dosha

Pour la régulation alimentaire et la prise de remèdes, le cycle horaire est un facteur déterminant. Plus on est en adéquation avec l'heure (et la saison) correspondante au Dosha dominant, plus l'amélioration se fera sentir, et l'assimilation sera juste. Il convient donc de manger au meilleur moment en fonction de notre typologie.

- La première période s'écoule de **6 heures** (lever du soleil) **à 10 heures**, est associée à **Kapha** et au printemps. La montée de la sève et la fonte des glaces sont en correspondance avec les mucosités et la qualité liquide de Kapha. De 6 heures à 7 heures, Kapha est sous l'influence de Vâta, de 9 heures à 10 heures, sous celle de Pitta. De

7 heures à 8 heures, Kapha croît, puis atteint son point culminant à 8 heures, avant de décliner jusqu'à 9 heures.

- La deuxième période s'écoule de **10 heures à 14 heures**. Elle est associée à **Pitta** et à la saison chaude. La montée de la chaleur et la sécheresse sont en correspondance avec la sphère digestive et la qualité ignée de Pitta (le Feu dévore l'Eau et l'absorbe). De 10 heures à 11 heures, Pitta est sous l'influence de Kapha, de 13 heures à 14 heures, sous celle de Vâta. De 11 heures à 12 heures, Pitta croît, puis atteint son point culminant à 12 heures, avant de décliner jusqu'à 13 heures.
- La troisième période s'écoule de **14 heures à 18 heures** (coucher du soleil). Elle est associée à **Vâta** et à la saison des pluies. La venue de la mousson (pluies) accompagnée de vent chaud (orageux) est en correspondance avec les intestins et la qualité des souffles de Vâta. De 14 heures à 15 heures, Vâta est sous l'influence de Pitta, de 17 heures à 18 heures, sous celle de Kapha. De 15 heures à 16 heures, Vâta croît, puis atteint son point culminant à 16 heures, avant de décliner jusqu'à 17 heures.
- La quatrième période s'écoule de **18 heures à 22 heures**. Elle est associée à **Kapha** et à l'automne. La sève se retire des feuilles, descend dans les racines et est en correspondance avec la matière corporelle et la qualité terrestre de Kapha. De 18 heures à 19 heures, Kapha est sous l'influence de Vâta, de 21 heures à 22 heures, sous celle de Pitta. De 19 heures à 20 heures, Kapha croît, puis atteint son point culminant à 20 heures, avant de décliner jusqu'à 21 heures.
- La cinquième période s'écoule de **22 heures à 2 heures**. Elle est associée à **Pitta** et à la saison froide. Les gelées apparaissent, la nature s'engourdit et est en correspondance avec le feu « glacé » et la qualité froide de Pitta (l'Eau devient prédominante, refroidit le Feu jusqu'à le figer). De 22 heures à 23 heures, Pitta est sous l'influence de Kapha, de 1 heure à 2 heures, sous celle de Vâta. De 23 heures à minuit, Pitta croît, puis atteint son point culminant à minuit, avant de décliner jusqu'à 1 heure.
- La sixième période s'écoule de **2 heures à 6 heures** (lever du soleil). Elle est associée à **Vâta** et à la saison froide. Les vents froids soufflent,

refroidissent l'air et l'assèchent, ils sont en correspondance avec les souffles vitaux activant l'organisme et la qualité subtile de Vâta. De 2 heures à 3 heures, Vâta est sous l'influence de Pitta, de 5 heures à 6 heures, sous celle de Kapha. De 3 heures à 4 heures, Vâta croît, puis atteint son point culminant à 4 heures, avant de décliner jusqu'à 5 heures.

D comme…

Douce (madhurarasa) ou sucrée

« La saveur sucrée, parce qu'elle convient parfaitement au corps, vivifie le chyle, le sang, la chair, la graisse, l'os, la moelle, l'énergie vitale responsable de l'immunité et le sperme. Elle favorise la longévité, convient parfaitement aux six organes des sens, développe la force et l'éclat, soulage l'élément feu-bile et l'élément air ainsi que la virulence des poisons. Elle calme la soif et la chaleur, est très bénéfique pour la peau, les cheveux, la gorge et la vitalité. Elle nourrit, apporte pétulance et plénitude, fortifie et équilibre. Le sucré favorise la cicatrisation des plaies et des lésions, régale le nez, la bouche, la gorge, les lèvres et la langue. Il guérit les syncopes. Rien ne plaît mieux que lui aux abeilles et aux fourmis. Il est onctueux, froid et lourd. En dépit de toutes ses qualités, si la saveur sucrée est employée seule ou en excès, elle peut provoquer des propensions au sommeil, spasmes intestinaux, lourdeur, dégoût de la nourriture, perte d'appétit, tumeurs de la bouche et de la gorge, dyspnée, toux, coryza, stase alimentaire, fièvre accompagnée de frissons, constipation, goût sucré dans la bouche, vomissements, perte de conscience, extinctions de voix, goitre, adénopathie cervicale, filariose, pharyngite, dépôts dans la vessie et les artères, mucosités dans la gorge, ophtalmies, conjonctivites, etc.[1]. »

1. CharakaSamhitâ, Section I – Chapitre XXVI [43].

E comme…

Eau (Jala)

Pour l'Âyurveda, la meilleure eau est l'eau de pluie : « *L'eau est principalement composée du nectar d'immortalité, c'est-à-dire de l'élément fondamental, ap. Elle provient du ciel, est froide, légère et contient toutes les saveurs non manifestes. Bien qu'issue des nuages, elle possède toutes les propriétés des six éléments fondamentaux. Quand elle tombe sur terre, elle nourrit toutes les formes vivantes, animales ou végétales. Les six saveurs y sont contenues*[1]. »

L'eau pacifie Vâta, équilibre Pitta et Kapha. Elle atténue la sécheresse intérieure, stimule, rafraîchit, vivifie le corps. Elle attendrit les aliments et soutient le métabolisme en apportant humidité et liquidité aux organes, favorisant ainsi l'assimilation. Vitalisante, elle ragaillardit, réconforte, ôte la sensation de soif, défatigue l'organisme, délasse l'esprit et apaise.

Éléments et aliments

Quelques plantes correspondant à l'Espace

Les fruits.

Pour le régulariser : les racines et rhizomes, les plantes à bulbe.

Pour l'harmoniser : l'ail, le gingembre, la moutarde noire, l'oignon, le poivre long.

1. *Ibid.*, [39].

Quelques plantes correspondant à l'Air

Les feuilles, la coriandre, la gentiane, l'acore, la menthe.

Pour le régulariser : la racine de rhubarbe ou la poudre d'aloès.

Pour l'harmoniser : l'ache des marais, le basilic, la cannelle de Ceylan, la cardamome, le cumin.

Quelques plantes correspondant au Feu

Les fleurs, le gingembre, l'ache des marais, l'ail, le poivre long.

Pour le régulariser : l'ase fétide, la cannelle, le basilic.

Pour l'harmoniser : la coriandre douce, le cumin, le curcuma, le gingembre, la muscade, la nigelle.

Quelques plantes correspondant à l'Eau

Les tiges les branches, l'écorce, la réglisse, le sceau de Salomon, l'angélique chinoise, voire le ginseng toutefois sous réserve.

Pour la régulariser : la centella asiatica, la rhemannia, les jus de fruits frais.

Pour l'harmoniser : le curcuma.

Quelques plantes correspondant à la Terre

Les racines, les rhizomes, les bulbes, la valériane, la muscade, l'ase fétide, le ginseng.

Pour la régulariser : les graines de lotus, le fenugrec, le sceau de Salomon. Il convient de reconstruire la terre corporelle et intellectuelle. Les coquilles d'huîtres, la poudre de perles ou les algues sont particulièrement recommandées.

Pour l'harmoniser : la cardamome, le gingembre, la nigelle, le poivre long.

Épices

Nul doute que vous ne serez pas surpris si j'évoque les épices, car vous connaissez mon penchant pour elles. Allouées généreusement par la Nature à l'être humain, leur présence permanente dans l'Âyurveda n'est pas due au hasard : elles ont à la fois une vocation magique et médicinale. Reconnues depuis des millénaires pour aiguiser l'appétit, relever les aliments, elles distillent la finesse de leurs arômes, nous reliant au Divin et rendant les mets plaisants. Extraordinaires plantes de soin élevant l'esprit, ravissant l'âme ! Consommer un peu de chacune d'elles au quotidien apporte tant de bien-être... Elles aident le métabolisme dans sa phase digestive, soutiennent le feu interne, permettant ainsi une meilleure élimination naturelle, sans que le corps se trouve saturé de déchets. Saupoudrer une pincée d'épices au creux de nos nourritures dépose magie olfactive et puissance guérisseuse au cœur de chacun. Conçues pour délivrer le corps, l'âme et le cœur de la pesanteur et des souffrances terrestres, sublimes protectrices de la vie, elles favorisent la communication avec le monde céleste : offertes en fumigation, leur parfum monte jusqu'aux cieux en prière et en offrande ; incorporées à de l'eau consacrée, en aspersion, elles purifient les statues, les murs et les sols des temples comme l'assistance. Elles servent aussi d'encre magique pour écrire les mantra de guérison et les vœux propitiatoires. Leur richesse n'est plus à démontrer. Une belle histoire pour mes chères épices, n'est-ce pas ?

F comme…

Fenugrec (kâlânusârî)

Apaisant, il résout bon nombre de troubles digestifs et régularise le désordre du métabolisme ainsi que la digestion tout en la soutenant ; il ralentit l'absorption par l'organisme du glucose. Ses qualités apportent une action dynamique et vivifiante sur l'organisme. Un bémol toutefois : très nourrissant, il favorise l'embonpoint. De saveur amère, piquante et douce, de qualité chaude, il tonifie Vâta et Kapha mais Pitta doit le consommer avec mesure.

Fruits (Phalâni)

En Inde, les fruits sont vénérés comme protecteurs et soutien. Ils font partie intégrante de la pharmacopée âyurvédique, sont réputés pour équilibrer judicieusement l'organisme apportant au corps vitamines, oligoéléments, minéraux dont ils sont extrêmement riches. Ils ont en commun, quel que soit le fruit, la saveur douce et la qualité fraîche. Ils temporisent le feu intérieur et réhydratent le corps. Ils sont aussi un renfort inestimable pour la fécondité, qu'elle soit humaine, créative ou spirituelle et sont à consommer journellement.

G comme…

Ghee (Ghruta)

Le ghee est du beurre clarifié utilisé pour la cuisson. Connu pour apporter vigueur et vitalité, de saveur douce, de qualité légère et grasse, il convient aux trois Dosha et nourrit les sept Dhâtu. Selon l'Âyurveda, plus il vieillit, plus il a de vertus. Apaisant, nutritif, il régénère et revitalise les tissus vitaux. Il adoucit Vâta et Pitta, accroît Kapha et Agni. Antipoison, il protège le système digestif, soulage les troubles intestinaux. Dans l'Âyurveda, il est connu pour détruire les bactéries nocives, annihiler les perturbations psychiques (trouble de mémoire, hallucinations, etc.), chasser les démons et disperser les obsessions issues d'un problème karmique.

Gingembre (shringâvera)

Le gingembre est l'épice indispensable, il ne peut être écarté des préparations culinaires. Très ancien antidote, il possède la particularité de réduire la toxicité des autres plantes. Tonifiant majeur, revitalisant d'exception, il relance l'énergie vitale et détoxifie profondément l'organisme. Exceptionnel harmonisant, il lénifie le corps. Tonique puissant, il agit avec une très grande efficacité au niveau des nerfs, sur les sphères hépatique et respiratoire. Reconstituant, il accroît les défenses naturelles du corps, vivifie le système immunitaire et libère Âma (déchets).

De saveur amère, piquante, astringente et douce, de qualité chaude, il rééquilibre les trois Dosha.

Girofle (lavanga)

Harmonisant puissant, le girofle présente une action non négligeable sur l'immunité en amplifiant les défenses naturelles. Véhiculant l'élément Feu, il rééquilibre celui-ci au sein du corps. Antimicrobien, il déloge les parasites intestinaux et assainit la flore.

De saveur piquante, astringente et amère, de qualité chaude, il tonifie Vâta et régule Kapha.

Goût

Le goût se façonne bien avant la naissance. Dans le ventre de la mère, il s'élabore lentement et se développe en fonction des nourritures absorbées. Peu de mères y prêtent attention. Et pourtant, c'est là, durant quelque neuf mois que va naître, dans le futur enfant, le goût de vivre.

L'enfant ressent chaque geste, chaque pensée, chaque saveur, chaque humeur, chaque émotion de sa mère. À partir de ces données subtiles, il va se construire des références gustatives et émotionnelles qui seront ses repères, ses marques, ses jalons dès sa venue au monde.

L'enfant sent, réagit, respire par le cordon ombilical qui le lie si fortement et si étroitement à sa mère.

L'enjeu est de taille car il touche deux centres énergétiques importants, autour desquels tout (enfin : presque tout...) se joue : le deuxième çakra (Svadishthana) en relation avec le plexus hypogastrique et les organes génitaux, l'élément Eau et la Lune ; le troisième çakra (Manipûra), en relation avec le plexus solaire, le plexus épigastrique, le nombril, l'élément Feu et le Soleil.

C'est dans le deuxième centre que la terre se dissout dans l'eau, apportant imagination, perception sensorielle très fine et développant l'énergie lunaire, c'est-à-dire la psyché. Il nous amène à changer, à évoluer dans la confusion : dans le ventre maternel, tout est perçu de façon lointaine et sourde.

Au cœur du troisième centre, l'eau devient feu, tourbillon incandescent, brouillard de lumière. C'est ici que se manifeste la compréhension intuitive (pour le bébé) du fonctionnement interne du corps. Il apprend à maîtriser son énergie. En bougeant de certaines façons, il envoie un ordre à sa mère. En donnant des coups de pied, il affirme son désaccord. Il découvre le sens invisible du pouvoir.

L comme…

Laits (Ksîra)

Pour l'Âyurveda, les laits sont indispensables à l'alimentation, notamment le lait de vache. Ils se consomment frais et ne subissent pas les controverses connues en Occident. Mais peut-être qu'en Inde, les vaches sont encore nourries avec des fourrages végétaux et non des farines animales…

Réputés pour conforter l'esprit et stimuler le cérébral, les laitages, revitalisants, comportent de nombreuses propriétés thérapeutiques : leur ingestion quotidienne est bénéfique pour le corps et l'esprit. Ils possèdent des actions ciblées sur :

- le système digestif (désintoxiquant, anti-inflammatoire) ;
- les sphères pulmonaire (calmant de la toux), cardiaque (anti-dégénératif cellulaire), cérébrale (insomnie, sommeil perturbé, manque de confiance en soi, déconcentration intellectuelle) ;
- les canaux d'élimination (diurétique et laxatif léger).

De saveur douce et de qualité légère avec quelques variantes, ils améliorent Vâta et Pitta, les adoucissant, accroissent Kapha, tonifient les Dhâtu, et sont conseillés aux enfants (soutien de la croissance), aux femmes (action sur l'utérus et le vagin, infertilité) et personnes âgées, en cas de fatigue et d'épuisement lié à des activités physiques intenses.

Le lait de brebis

Le lait de brebis (frais), astringent, de qualité chaude et onctueuse, pacifie, améliore Vâta et Kapha, intensifie Pitta, mais n'est pas conseillé pour le cœur ni en cas de risque hémorragique.

Le lait de chèvre

Le lait de chèvre (frais), astringent, de qualité légère et grasse, convient aux trois Dosha mais, considéré comme malsain, il doit être toujours bouilli avant d'être consommé pour être purifié.

Le lait de vache

Le lait de vache, astringent, de qualité froide, onctueuse et lourde, est sain, nourrissant et bienfaisant pour notre santé, il est le meilleur des laits car il nourrit la vie. Régénérant cellulaire, fortifiant, il raffermit Ojas et renforce la vitalité. Lorsqu'il est frais et cru, appelé « élixir de vie » – porteur de l'essence de toutes les plantes mâchées par la vache –, il régénère Vâta et Pitta, améliore Kapha (en petites quantités). Il est conseillé pour nettoyer les reins : mélanger 1 tasse de lait avec 4 tasses d'eau bouillie et une cuillère de miel, à boire deux fois par jour, au moment de la pleine lune.

Le lait caillé

Le lait caillé (babeurre de lait de vache) ou petit lait, acide, de qualité chaude, connaît des contre-indications majeures : il n'est pas à consommer pour étancher la soif, en cas d'œdèmes, de grande fatigue, pendant la canicule, lors de vertiges ou d'évanouissements, de bile dans le sang. Vâta doit le boire avec une pincée de sel, Pitta avec du sucre, Kapha avec du gingembre et du poivre noir.

Le lait UHT

Le lait UHT n'était pas connu, bien sûr, à l'époque, mais toutefois, il a été étudié et il se trouve déconseillé car c'est un lait dévitalisé qui accentue la fatigue, notamment chez Pitta. Le lait écrémé peut être bu ponctuellement pour régulariser les trois Dosha.

Légumes (çâkavarga)

Grâce à leurs saveurs et qualités multiples, ils accompagnent tous les repas et sont souvent le cœur des préparations culinaires.

- L'**aubergine**, piquante, douce et amère, de qualité chaude, légère, onctueuse et grasse, adoucit Vâta et Kapha.
- La **carotte**, douce, amère et piquante, de qualité chaude, lourde et légère, équilibre les trois Dosha, mais son excès peut amoindrir Pitta.
- Le **chou**, doux et astringent, de qualité chaude, sèche et onctueuse, apporte de la fraîcheur, nourrit Kapha et Pitta, Vâta ayant du mal à l'assimiler surtout lorsqu'il est cuit ou en saumure.
- Le **chou-fleur**, doux et astringent, de qualité lourde, sèche et rugueuse, fortifie, réconforte Vâta et Pitta, mais peut nuire en excès à Pitta et amollit Kapha.
- Le **concombre**, doux, de qualité lourde, rafraîchit le corps, et convient très bien à Pitta et Vâta.
- La **courge**, douce, de qualité légère et lourde, rassérène Pitta. Diurétique, elle est rafraîchissante, soulage la sensation de soif et/ou de brûlure, atténue l'anxiété et l'épuisement.
- L'**épinard**, doux et astringent, de qualité froide, onctueuse et rugueuse, tonifie le foie, les intestins et les poumons. Il apaise Pitta et Kapha.
- Les **haricots secs**, doux et astringents, de qualité lourde, chaude et sèche, sont très nutritifs. Ils contentent Pitta et Kapha, réduisent Vâta.
- Les **lentilles**, douces et astringentes, de qualité lourde, sèche et rugueuse, sont fortement conseillées en saison froide (hiver) car elles sont toniques. Elles sont « le » légume privilégié de Vâta, avec une nuance selon la variété : les lentilles claires conviennent plus particulièrement à Vâta, les brunes à Pitta et les rouges à Kapha.
- La **pomme de terre**, douce, acide et astringente, de qualité lourde et sèche, est nourrissante. Elle ajuste Pitta et Kapha.
- Le **pois**, doux, astringent, de qualité savoureuse, régularise Kapha, améliore Pitta.

- Le **radis**, piquant, de qualité chaude et légère, conforte Vâta et Pitta.
- La **tomate**, acide, de qualité légère et savoureuse, tonifie l'organisme et purifie le sang. Elle s'adresse à Vâta et Kapha qui tendent à produire des amas intérieurs.

M comme...

Mangue (âmra)

Diurétique et énergétique, la mangue stimule la croissance du corps, entretient les défenses naturelles. Drainante, purifiante majeure, elle fortifie et enrichit le sang, consolide les cellules, renforce le système immunitaire et la résistance aux maladies infectieuses.

De saveur douce et astringente, de qualité chaude et fraîche, elle régénère Vâta et Kapha.

Mala (déchets organiques)

Le corps s'encombre naturellement, produisant des déchets, qu'ils soient alimentaires, médicamenteux, dépôts mentaux ou résidus psychiques.

Il y a trois sortes de Mala principaux expulsés par le corps : ce sont Mûtra, l'urine, Purîsha, les selles et Prasveda, la transpiration. Mais il en existe bien d'autres, par exemple ceux à la fois produits et expulsés par le nez, les oreilles, la bouche, les yeux, la peau. Sont également considérés comme déchets porteurs de toxémie les paroles préjudiciables, les pensées destructrices, les émotions pernicieuses ou encore les rêves morbides.

L'urine aide à maintenir un juste équilibre de l'eau (fluides, liquides, moiteur) au sein de l'organisme ; la transpiration permet de garder l'humidité de la peau ainsi que sa souplesse ; les selles assistent les intestins, notamment le côlon, et le corps, dans leur effort d'élimination. Tous trois permettent de disperser Âma, en chassant rapidement les dépôts que notre organisme tend à conserver, celui-ci travaillant naturellement à l'économie. Lorsqu'un de ces trois Mala n'est pas évacué correctement, la toxémie se met en place et va enrayer le fonctionnement harmonieux du corps.

Moutarde noire (râjikâ)

Vomitive et réchauffante, la moutarde noire agit sur le foie et l'estomac, tonifie la sphère digestive par ses qualités diurétique, laxative et antiscorbutique. Révulsive, elle produit un afflux de sang à l'endroit où elle est appliquée, elle relance les amas énergétiques bloqués sur une partie du corps. De saveur piquante et amère, de qualité chaude, elle stimule les trois Dosha.

Muscade (jâtîphâla)

Excellente stimulante générale, la muscade consolide les fonctions intestinales par sa vertu antiseptique. Digestive, elle aiguise le métabolisme et régularise la circulation énergétique. De saveur piquante, amère et douce, de qualité chaude, elle régule Vâta et Kapha, élève Pitta.

N comme…

Nigelle (kâravî)

Régulatrice exceptionnelle du système immunitaire, la nigelle stimule, renforce les défenses naturelles, soutient la flore intestinale, protège des risques infectieux et des troubles digestifs. Diurétique, elle tonifie et purifie la sphère digestive. De saveur piquante et douce, de qualité chaude, elle maintient Kapha et Pitta, seconde Vâta.

Noix de cajou (bhallâtaka)

Diurétique, la noix de cajou disperse les amas provenant d'une mauvaise assimilation. Tonique, stimulante, elle soutient l'organisme dans ses fonctions digestives et permet au corps de retenir les électrolytes ainsi que les minéraux. Elle vivifie le foie et le cœur, agissant sur la faiblesse cardiaque, la fatigue générale liée à une déficience de la sphère hépatique. Très échauffante, elle tonifie l'ensemble des organes, ravivant la chaleur interne énergétique. En raison de sa puissance, elle doit être utilisée avec attention afin d'éviter les effets contraires. Son nom ne signifie-t-il pas « dont l'action est pénétrante comme une lance » ?

De saveur douce, de qualité fraîche, elle équilibre les trois Dosha, mais peut augmenter Âma (chez Pitta).

P comme...

Piment (kâlî mirch)

Poivre de Vishnu, le piment règne en maître en Inde par ses qualités curatives mais aussi parce qu'il présente la particularité d'accroître les propriétés thérapeutiques des autres herbes et épices. Tonique reconstituant, il décongestionne l'organisme, maintient et stabilise son équilibre interne. Précieux chasseur de toxines, il fluidifie, stimule et aiguise la digestion ; diurétique, il brûle les toxines dans le côlon, ranime les sécrétions gastriques ; apéritif, il excite le goût. Toutefois, la phytothérapie âyurvédique recommande de l'utiliser à faible dose et à court terme car il peut amplifier fortement le feu intérieur et énergétique. De saveur piquante et douce, de qualité chaude, il fortifie Kapha et Vâta, échauffe Pitta.

Piquante (katurasa)

> *« La saveur piquante nettoie la bouche, stimule la digestion, permet une élimination rapide des aliments, provoque des sécrétions nasales et oculaires. Elle clarifie les organes sensoriels, évite toute stagnation de nourriture, fait fondre les œdèmes et les surcharges pondérales [...]. Elle favorise l'onctuosité, la transpiration, l'hydratation et l'élimination des déchets. Elle rehausse le goût des aliments, [...] détruit les parasites, excite les muscles, [...] libère des blocages ; elle est vasodilatatrice, apaise l'élément eau, est légère, chaude et rude. Mais, nonobstant ses qualités multiples et dans le cas d'un emploi exclusif ou d'un abus le piquant peut provoquer l'impuissance sexuelle, des gerçures, de la confusion mentale, des malaises, de la dépression, de l'amaigrissement, des syncopes, des affaissements, des sensations d'obscurité, des vertiges, des*

brûlures dans la gorge, des échauffements, des pertes d'énergie et une grande soif[1]. »

Poissons (Matsya Varga)

Les poissons, de saveur douce, de qualité lourde, chaude et grasse, sont très nourrissants et fortifiants.

> *« La chair des poissons est lourde, échauffante, de saveur douce, tonique et reconstituante. Elle apaise l'élément Air mais certains poissons présentent des inconvénients. [...] Cependant elle donne de l'appétit, se digère facilement et est très roborative[2]. »*

Poivre noir (marichiphâla)

Catalyseur d'énergie et protecteur du corps, le poivre noir est un excellent tonique et stimulant. Il équilibre le corps, le protège et dégage les obstructions. Il brûle les toxines physiologiques et psychiques, active et raffermit Agni, est réputé pour être le plus puissant stimulant digestif connu en activant les glandes digestives ; il nettoie le canal alimentaire et les voies énergétiques subtiles. Il facilite la digestion et neutralise les toxiques alimentaires. Antiseptique, antimicrobien, il purifie l'estomac. Il normalise le métabolisme en effaçant tout déséquilibre.

De saveur piquante, douce, amère et astringente, de qualité douce, chaude et sèche, il vivifie Pitta et stimule Kapha.

1. CharakaSamhitâ, Section I – Chapitre XXVI [43].
2. CharakaSamhitâ, Section I – Chapitre XXVII [63-87].

R comme…

Régime

> *« Ce qui est adéquat (sâtmya) et notamment le régime, signifie “ce qui convient pour soi-même”[1]. »*

L'Âyurveda ne recommande ni régime abusif, ni diète excessive, ni jeûne prolongé : tout est dans la mesure, doit être en adéquation avec le Dosha personnel, individualisé et justifié par des déséquilibres fonctionnels spécifiques, mais n'être pas l'œuvre d'une mode.

> *« Tous les traitements s'assortissent d'une stricte et saine diététique. Mais les régimes alimentaires accompagnant les thérapies s'adressent à chaque patient et sont toujours établis en fonction de la pathologie de chacun, où l'on tient compte de l'âge, de l'affection, du choix des saveurs, du moment, des saisons, du climat, des habitudes locales, de la prédominance des Dosha, etc. On soigne un malade, non une maladie[2]. »*

L'Âyurveda fait donc appel à notre sagesse distinctive et à notre responsabilité.

> *« La discipline personnelle concernant le régime alimentaire sera efficiente pour conserver force et fraîcheur du teint, à condition de respecter le rythme des saisons qui, en vérité, détermine la conduite à suivre et le mode d'alimentation[3]. »*

1. CharakaSamhitâ, Section III, Chapitre I [20].
2. Jean Papin, *CharakaSamhitâ, traité fondamental de la médecine âyurvédique, 2, Les thérapeutiques*, introduction, Almora, 2009.
3. CharakaSamhitâ, Section I, Chapitre VI [3].

S comme...

Safran (nâgakeshara)

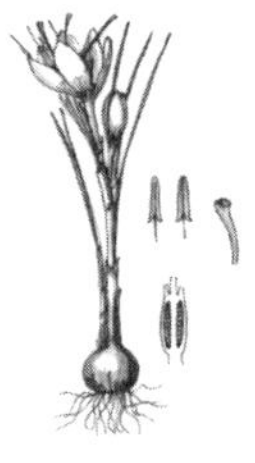

Les qualités culinaires du safran en font un condiment précieux. Tonifiant fondamental, il harmonise les Dosha, augmente Vâta et Kapha, soulage le feu intérieur de Pitta, agit de façon spectaculaire sur le foie et les perturbations de la vésicule biliaire. Il apaise les maladies « chaudes » (de type inflammatoire) issues d'un feu interne dysfonctionnant. De saveur douce, amère et piquante, de qualité fraîche, elle équilibre les trois Dosha.

Saisons et saveurs

Janvier-mai

« Dans la période de réceptivité, le soleil absorbe la douceur de la nature. Le vent, âpre et violent, est de plus en plus desséchant en janvier-février. Au printemps et en été, il provoque une aggravation des saveurs amère, astringente et piquante dont l'agressivité affaiblit l'être humain[1]*. »*

Juillet-novembre

« Dans la période de réalisation, les vents sont moins violents qu'une phase de réceptivité. La lune, dont la puissance n'est plus retenue, inonde le monde de ses froids rayons. Cette phase visarga se caractérise par la fraîcheur et la douceur. Par contre, la période

1. CharakaSamhitâ, Section I – Chapitre VI [6].

dite de réceptivité ou *âdâna* se trouve sous l'influence du feu. Soleil, vent et lune gouvernent ces moments. Le climat, les saveurs essentielles, les humeurs, l'énergie corporelle sont alors sous leur tutelle[1]. »*

Mousson d'été et automne, hiver

« Au temps de la mousson d'été, en automne (septembre-octobre) et en hiver (novembre-décembre), le soleil se tourne au sud et son ardeur faiblit en raison du temps, de son propre cycle des vents, des nuages et de la pluie. La lune voit ainsi sa force se décupler. Grâce aux pluies la température baisse et, en conséquence, les saveurs non agressives s'imposent progressivement, d'abord l'acide, puis le salé et enfin le sucré, apportant un regain de force aux humains[2]. »

Salée (lavana rasa)

« La saveur salée facilite la digestion, est hydratante et apéritive, évacuatrice, expectorante, amaigrissante, irritante, laxative, propice à la décontraction, aux suintements, à la diffusion. Elle apaise l'air, calme les raideurs, réduit les fixations et les contractions ; elle éclipse toutes les autres saveurs. Elle provoque la salivation, rend l'élément eau plus fluide, nettoie les vaisseaux, adoucit tout le corps, relève le goût des aliments. On l'associe toujours à la nourriture. Cette saveur n'est pas très lourde. Elle est onctueuse et chaude. Néanmoins, malgré ses nombreux avantages, elle peut devenir nocive si son usage devient exclusif ou excessif. Elle détériore alors l'élément feu, gâte le sang, provoque la soif, des syncopes, des échauffements, des larmoiements, des formations d'escarre ; elle peut être la cause de lèpre ou de maladies de peau. Elle aggrave l'effet des poisons, peut provoquer l'éclatement de certains œdèmes et la chute des dents, des risques d'impuissance, de dérèglements sensoriels, de formation de rides. Les cheveux

1. *Ibid.*, [5].
2. *Idem.*

peuvent devenir gris. On risque même la calvitie. Des désordres peuvent survenir, tels des hémorragies internes, de l'acidité gastrique, des érysipèles, des affections de la circulation sanguine, de l'eczéma ou de l'alopécie[1]. »

Saveurs et aliments

De saveur douce

Abricot, ail (graines), amande, ananas, anis vert, avoine, badiane, banane, basilic, betterave, blé, cannelle, cardamome, citron vert, concombre, coriandre (feuilles), clou de girofle, céleri, datte, figue, fromage, gingembre, ghee, grenade, haricots secs, lentilles, maïs, mandarine, mangue, melon, menthe, miel, millet, muscade, nigelle, noix, noix de cajou, noix de coco, tous les laits, œuf, orange, orge, pamplemousse, papaye, pêche, piment (poivre de Calicut), pistache, poire, poivre noir, pomme, pomme de terre, prune, raisin blanc, riz, sarrasin, seigle, sésame, soja, tamarin, toutes les viandes.

De saveur acide

Abricot, agrumes, ananas, figue, fromage, grenade (chair), mélisse, moutarde noire, noix de coco, pomme, pomme de terre, raisin blanc, tamarin, tomate, yaourt.

1. CharakaSamhitâ, Section I – Chapitre XXVI [43].

De saveur amère

Ail (feuille), carotte, céleri, coriandre (graines), cumin, curcuma (racine fraîche), estragon, galanga, gingembre, moutarde noire, muscade, poivre noir, sésame.

De saveur piquante

Ail (racine), aneth, anis vert, badiane, basilic, cannelle, cardamome, carotte, céleri (graines), citron vert, clou de girofle, coriandre (graines), cumin, curcuma, estragon, fenouil, galanga, gingembre, grenade, (graines), oignon, moutarde noire (graines), muscade, nigelle, tous les poivres et piments, radis.

De saveur salée

Ail (extrémité), algues, curcuma, fenouil, moutarde noire, poissons et fruits de mer, sels.

De saveur astringente

Ail (tige), banane, beurre, brocoli, cannelle (tiges et jeunes branches), carotte, tous les choux, concombre, courgette, cumin, curcuma, datte fraîche, épinard, figue, haricots secs, grenade, laitue, lentilles, mangue, noix, olive verte (fraîche), orange, orge, pêche, pistache, poire, poivre noir, pomme, pomme de terre, prune, sarrasin, seigle, sésame.

Saveurs et Dosha

Les saveurs interagissent *avec* et *sur* les cinq éléments et leurs qualités (Guna), les constitutions (Dosha) et les tissus vitaux (Dhâtu), sans oublier que « *la manifestation des saveurs se précisent et prennent corps, selon leur dosage en éléments fondamentaux, dans les différents aspects et les formes animales et végétales. La pénurie ou l'excès de certains éléments liés au cycle temporel, c'est-à-dire aux six saisons*[1] ».

Elles vitalisent le corps, stimulent les cinq sens et vivifient l'esprit. Leur action tonifie plus particulièrement les perceptions gustative et olfactive en les ouvrant et les aiguisant. Elles facilitent le travail thérapeutique de la plante, en opérant une véritable alchimie intérieure.

Les saveurs douces (sucrées), aigres (acides) et salées

Ces saveurs ont une action anabolique, c'est-à-dire qu'elles agissent lors de la première phase du métabolisme, de la transformation des aliments (matériaux nutritifs) en tissu vivant.

- Le *doux* accroît Kapha : il augmente les éléments Eau et Terre (liquides et solides : tout ce qui est tissu de soutien) ainsi que l'énergie, notamment au niveau des tissus musculaires. Il stimule les cinq sens en les vitalisant. Il diminue Vâta et Pitta : il calme les éléments Espace et Air. Il abaisse le Feu digestif en apaisant les sensations de brûlures.
- L'*aigre* et le *salé* réduisent Vâta, élèvent Pitta et Kapha. L'aigre consolide le corps, apporte une sensation de chaleur interne lorsqu'il est absorbé. Il développe la perception gustative et active le feu digestif. Le salé soutient la digestion en retenant l'eau (contenue dans les aliments), apportant ainsi de l'humidité à l'organisme. Il aide le corps à dissoudre les amas (mucosités, toxines), ouvre les canaux naturels en liquéfiant les stagnations liées au flegme.

1. CharakaSamhitâ, Section I – Chapitre XXVI [40].

Les saveurs piquantes (âcres), amères et astringentes

Ces saveurs ont une action catabolique, c'est-à-dire lors de la transformation en énergie des matériaux nutritifs ayant été assimilés par les tissus vitaux, et qui est une autre phase du métabolisme.

- Le *piquant* atténue Kapha ; il amplifie Vâta et Pitta. Il lève les obstructions énergétiques dans les canaux, désengorge le corps, le rendant plus fluide et lui apportant de la chaleur. Il amplifie le goût, intensifie le feu digestif, active la digestion. Il purifie le corps, aide à l'élimination, stimule les émonctoires.
- L'*amer* et l'*astringent* abaissent Pitta et Kapha ; ils intensifient Vâta. L'amer anéantit les toxines, apporte du froid (ou du frais) au sein de l'organisme. Il agit sur l'intelligence qu'il accroît. Il active l'appétit, favorise la digestion et détoxifie l'organisme. *L'amer* sert les autres saveurs en leur permettant de développer leur action. *L'astringent* est sédatif, il apaise les fonctions organiques.

Les saveurs piquantes, aigres et astringentes augmentent plus particulièrement Pitta (Feu – Eau).

Sel (lavana)

Le sel brûle, masque les saveurs, échauffe l'organisme et doit être consommé avec parcimonie.

> « *Le sel est échauffant, agressif, moyennement lourd et onctueux, humidifiant, laxatif, délectable, en apparence bénéfique car il produit de bons effets si on le consomme dans les règles mais, à la longue, il peut produire une saturation des éléments. On l'utilise pour faciliter la digestion, l'hydratation et la purgation, mais son abus provoque des malaises, une hyperlaxité et une grande fatigue. Les populations des contrées où le sel est très employé et d'une façon quotidienne sont sujettes à la dépression, à la fonte musculaire et à une fluidité sanguine anormale ainsi qu'à une incapacité de supporter la douleur*[1]. »

1. CharakaSamhitâ, Section III, Chapitre I [18].

T comme...

Tamarin (cincâ)

Il est fait mention du tamarin dans les plus anciens textes sanscrits où il est réputé pour étancher la soif, chasser la chaleur interne, réhydrater l'organisme et rafraîchir le corps. Digestif et carminatif, il tonifie le foie et les intestins paresseux en les purgeant des résidus isolés, et redonne de l'appétence.

De saveur acide et douce, de qualité fraîche, il affermit Vâta et Kapha, accentue Pitta.

V comme...

Viandes (Mâmsa Varga)

L'Âyurveda, sur ce point, est parfaitement claire : « *Pour donner vigueur et corpulence, il n'existe pas de nourriture meilleure que la viande*[1]. » Et ce qui peut d'autant plus surprendre est l'étendue du nombre d'animaux comestibles conseillés. Je citerais ici les plus insolites pour notre culture : chameau, panthère, ours, loup, tigre, hyène, mangouste, souris, chacal, faucon, chouette, cygne, avocette, flamant, héron, cigogne, perroquet, paon, iguane... sans omettre chat, chien, moineau, geai ou encore perruche. Vous voyez que nous sommes bien loin de l'image d'une Inde végétarienne.

Les viandes, toutes de saveur douce, font partie des nourritures à consommer régulièrement, en privilégiant les animaux élevés en plein air ou sauvages.

- L'agneau, de qualité lourde, s'adresse plus particulièrement à Pitta, lui apportant de la fraîcheur.
- Le canard, de saveur salée, de qualité lourde et grasse, convient à Pitta mais avec parcimonie, il accroît Vâta et Kapha.
- Le bœuf, de qualité chaude, lourde et onctueuse est très nourrissant, pacifie Vâta, augmente Pitta et Kapha, normalise Agni. Sa viande « *est conseillée en cas de sévères désordres de l'air, de rhinite chronique, de fièvre intermittente, de toux sèche, de fatigue, d'excès de feu et d'amaigrissement*[2] ».
- Le cochon, de qualité chaude, lourde et onctueuse, développe la corpulence et prédispose au sommeil. Il modère Vâta, élève Pitta et Kapha.

1. CharakaSamhitâ, Section I – Chapitre XXVII [87].
2. *Ibid.*, [63-87].

- Le lapin, astringent, de qualité froide, légère et sèche, harmonise les trois Dosha, purifie l'organisme et stimule Agni.
- Le poulet, de qualité chaude, lourde et onctueuse, est très nourrissant et correspond à Vâta et accroît Kapha.
- Le mouton « *est de saveur douce, rafraîchissante, lourde et fortifiante*[1] ». Nutritif intéressant, il nourrit particulièrement les Dhâtu, rassérène Vâta, renforce Pitta et Kapha.

1. *Ibid.*, [61-62].

Y comme…

Yaourt (Dadhi)

L'Âyurveda connaît principalement le yaourt à base de lait de vache entier. De saveur acide et astringente (le yaourt frais est de saveur douce), de qualité lourde, chaude et onctueuse, il soutient les Dhâtu, renforce la vitalité et le tonus. Il éveille le sens gustatif (en cas de perte de goût), suscite les papilles, attise l'appétit.

Il convient à Vâta et Pitta, augmente Agni, mais est déconseillé à l'automne et à la tombée de la nuit. Pour Kapha, le yaourt de chèvre, astringent, de qualité légère, est préférable.

Lettre III

Grammaire alimentaire

« On ne commencera à manger qu'après un retour sur soi.

Ce qui est acceptable, convenable ou déconseillé pour chacun ne peut être décelé qu'en suivant la voie de la connaissance du Soi (âtman).

C'est lui qui indique ce qui nous est profitable.

Il convient donc de ne manger qu'après consultation sereine de son "Soi"[1]*. »*

18 septembre, Munnar.

Se nourrir est une médecine dont nous ne pouvons pas sous-estimer l'importance. Il ne s'agit pas seulement de manger, c'est-à-dire d'ingurgiter des collations sans désir : en absorbant des aliments, nous « capturons » l'âme du végétal et de l'animal, en quelque sorte, nous nous l'approprions. C'est pourquoi l'état d'esprit avec lequel nous nous nourrissons est fondamental, non seulement pour notre qualité digestive mais également pour la valeur des nutriments qu'ils soient physiques (corps de l'aliment) ou psychiques (son énergie) :

> *« Ce qui est ingéré est divisé en trois parties : la partie grossière devient excrément. La moyenne devient chair. La subtile devient esprit*[2]*. »*

1. CharakaSamhitâ, Partie III, Chapitre I [25].
2. Chândogya Upanishad.

Cuisiner en Inde n'est pas un simple geste pour sustenter le corps, mais est une véritable alchimie des sens et des saveurs. Tout ce qui est nourriture (légumes, fruits, viandes, poissons, épices...) est envisagé dans sa globalité : l'essence subtile par les parfums et les arômes, la substance nourricière et l'aliment qui entretient. Selon l'Âyurveda, manger en conscience, c'est considérer que le fait de se nourrir possède la capacité à soigner l'être dans son intégralité.

S'alimenter, apporter saveurs et mets soigneusement choisis permet de solliciter les cinq sens, l'organisme, le corps, l'esprit et l'âme, sans ignorer la dimension spirituelle, celle-ci étant présente dans chaque acte médicinal. Reprenons maintenant le cours de nos leçons âyurvédiques...

Leçon 1

Pas d'interdits

Cela devrait hautement vous intéresser : l'approche âyurvédique est très loin des idées classiques et des règles diététiques actuelles qui imposent de nombreux interdits et bien des astreintes. Or, lorsque nous lisons la CharakaSamhitâ, celle-ci assure que « *pour sustenter le corps, il n'existe rien de meilleur que la bonne alimentation et l'eau pure, que les boissons alcoolisées pour soulager la fatigue, que le lait pour revitaliser, que la viande pour développer la corpulence, que les consommés à base de viande pour se régénérer, que le sel pour bien savourer la nourriture*[1] ». Ce qui me semble fort sensé et m'amène à témoigner qu'il n'existe pas d'interdits dans la tradition indienne, quitte à en faire sursauter plus d'un. Effectivement et contrairement à une image reçue, les Indiens ne sont pas végétariens. Je préciserais que les interdits que nous connaissons aujourd'hui résultent des écoles de pensée philosophique ou yoguique, comme de certains enseignements religieux tardifs, et ne font pas partie de l'Âyurveda. Il est même possible d'affirmer que toute nourriture est bonne et nécessaire pour sustenter le corps, l'aider à une assimilation adéquate et activer pleinement le métabolisme. La pertinence de la réflexion âyurvédique implique consommation des produits laitiers et de la viande. La CharakaSamhitâ garantit qu'« *il n'y*

1. Section I, chapitre XXV [40].

a rien d'autre qui soit équivalent à la viande pour assurer la croissance du corps[1] ».

Les produits et les remèdes d'origine animale sont utilisés pour soigner de nombreux maux. Ainsi, le sang, les graisses, laits et dérivés, os et ongles, cornes ou urines et viandes sont conseillés en préparation thérapeutique.

Elle souligne à plusieurs reprises que « *la viande de bœuf est conseillée en cas de sévères désordres de l'air, de rhinite chronique, de fièvre intermittente, de toux sèche, de fatigue, d'excès de feu et d'amaigrissement*[2] ».

Si, depuis quelque temps, les produits laitiers sont fort décriés en Occident, il n'en est pas ainsi pour l'Âyurveda qui, sur ce point, se révèle exceptionnellement catégorique et formelle :

> « *Le lait de vache possède dix propriétés : il est doux, rafraîchissant, délicat, onctueux, épais, lisse, assez visqueux, lourd, émollient et clair. Il accroît l'énergie vitale assurant l'immunité, en raison de la similarité de ses propriétés et cette énergie. On peut en conclure que le lait de vache est le meilleur des revitalisants et des élixirs de longue vie*[3]. »

Elle démontre que « *le beurre clarifié de vache renforce la mémoire, l'intelligence, le feu digestif, le sperme, l'énergie vitale et l'immunité, l'élément eau et fait grossir. Il apaise l'air, le feu, l'effet des poisons, les dérèglements mentaux, la phtisie, l'infortune et la fièvre. C'est la meilleure de toutes les graisses. Il est rafraîchissant, de saveur douce, d'assimilation douce. Il possède mille vertus ! Et si on en use selon les méthodes prescrites, il aura donc mille actions bénéfiques*[4] ! »

La CharakaSamhitâ certifie que les autres laits sont pernicieux. Ainsi, « *le beurre de brebis est le plus malsain ainsi que le lait de brebis parmi tous les laits connus*[5] » et défend que « *le beurre clarifié fait avec le lait de vache surpasse tous les autres, tout comme le lait de vache pour les laits*[6] ».

1. HârîtaSamhitâ.
2. Section I, chapitre XXVII [63-87].
3. *Ibid.*, [217-224].
4. *Ibid.*, [231-233].
5. *Ibid.*, [39].
6. Section I, chapitre XXV [38].

Leçon 2

Manger de tout

Soucieuse de la qualité de vie, l'Âyurveda prête une attention particulière à la manière dont l'être humain se nourrit. Manger de tout, en quantité suffisante, chaque jour, selon sa constitution (Dosha) est l'une des premières règles. La juste proportion d'aliments pour un repas est essentielle pour préserver un bon état de santé : ni trop peu, ni pas assez. Trop ou peu manger comme jeûner souvent est une erreur. Cela fragilise, affaiblit, abîme l'organisme et la qualité énergétique nécessaire au corps. Ainsi, la CharakaSamhitâ précise :

> *« Lorsqu'on mange ou que l'on boit au-delà du seuil de saturation, l'air, le feu et l'eau résidant dans l'estomac se trouvent "comprimés" par le trop-plein de nourriture et sont tous aussitôt déréglés. Ces éléments viciés pénètrent simultanément dans la partie de l'estomac où les aliments ne sont pas encore digérés et provoquent, chez les goinfres, une distension du ventre ou l'expulsion brutale de son contenu, par le haut ou par le bas[1]. »*

Il est fondamental de porter vigilance et attention sur l'impact des aliments une fois absorbés et sur les préparations alimentaires. Seuls prévalent le bon sens, la justesse de la quantité alimentaire absorbée et acceptée par le corps :

1. Section III, chapitre II, [7].

« Trop manger est la principale cause d'indigestion ; l'absorption de nourriture en parfait accord avec notre propre pouvoir de digestion est le meilleur stimulant du feu. Les activités agréables et saines et le régime alimentaire adéquat sont les plus hygiéniques des pratiques connues. Manger aux heures convenables est le garant de la bonne santé et la satisfaction d'avoir bien mangé garantit la qualité de la nourriture. Il n'existe pas de maux pires que l'arrêt des fonctions naturelles[1]. »

1. *Ibid.*, [40].

Leçon 3

Le bon équilibre

L'idéal est de prévaloir le bon équilibre alimentaire qui est de consommer :

- trois parts d'aliments secs en grains (graines, farines, céréales, riz, maïs, etc.) ;
- une part de viande, œuf, poisson, fromage ou yaourt ; une part de légumes frais (crus ou cuits) et de fruits de saison ;
- une part de boisson (eau, thé, etc.) ou de soupe végétale.

Il est bien sûr possible de les adapter selon le besoin de chacun et le Dosha à pacifier :

> « *Ce qui est adéquat et notamment le régime, signifie "ce qui convient pour soi-même"*[1]. »

L'Âyurveda n'impose pas mais propose car elle nous juge entièrement responsables de notre santé. Chacun se doit de manger selon ses besoins, en quantité raisonnable et de façon équilibrée en ayant à l'esprit qu'« *il n'existe rien de pire que l'habitude de jeûner pour raccourcir l'espérance de vie, rien de plus efficace que la sous-alimentation pour maigrir, rien de plus mauvais que manger pendant une indigestion ou avant d'avoir digéré le repas précédent*[2] ».

1. CharakaSamhitâ, Section III, chapitre I, [20].
2. Section I, chapitre XXV, [40].

Chaque aliment présente une énergie froide (rafraîchissante) ou chaude (échauffante), celle-ci ayant une incidence sérieuse sur le processus de la digestion : elle a en effet la capacité de l'augmenter (chaude) et donc de faciliter la digestion ou de la ralentir (frais), la digestion devenant bien plus lente et lourde. La meilleure façon de se nourrir est de faire des « petits » repas (un mets simple) ou un seul (au moment du midi) afin de dissocier les combinaisons nocives et de permettre à l'organisme de recevoir l'intégralité des nourritures dont il a besoin pour son équilibre naturel :

> *« Rien n'égale l'alcool pour déclencher la bonne humeur, mais boire sans réserve détruit l'intelligence, le contrôle de soi et la mémoire. Parmi les causes des difficultés de digestion, il faut incriminer d'abord les nourritures trop lourdes. Par contre, manger une seule fois par jour favorise une parfaite assimilation des aliments*[1]. »

1. *Ibid.*, [40].

Leçon 4

Les six qualités digestives

L'Âyurveda ne cesse d'insister sur la capacité de la digestion, et notamment les qualités digestives de chacun qui s'appuient sur l'intensité d'Agni (feu digestif), elles-mêmes provenant des combinaisons alimentaires et de la valeur naturelle des nourritures. Facilitant l'assimilation, la combustion des toxines potentielles, elles sont là pour renforcer le feu corporel (Agni), soutenir le corps dans ses efforts métaboliques. Ainsi, six qualités d'énergie sont attribuées aux aliments :

- la qualité lourde que l'on trouve dans le lait, le blé, le riz complet (brun, noir, rouge), le poisson, la viande rouge et l'huile de sésame ;
- la qualité légère contenue dans les haricots, le riz blanc, les légumes à feuilles, le poulet, la pomme et l'huile de tournesol ;
- la qualité rafraîchissante et/ou froide renfermée dans le lait, le blé, la pomme, la crème glacée et l'huile de tournesol (l'huile de noix de coco est de qualité froide) ;
- la qualité échauffante et/ou chaude recelée dans le poisson, l'oignon, les œufs, la viande, le piment et l'huile de sésame ;
- la qualité huileuse ou grasse incluse dans les différentes sortes de noix, le poisson et les œufs ;
- la qualité asséchante et/ou sèche que l'on retrouve dans les légumes en général, la poire et le millet.

L'Âyurveda tient compte également de la cuisson et du mode de préparation qui viennent grandement modifier les six qualités d'énergie. Ainsi :

- la qualité froide ou fraîche devient chaude ;
- la qualité sèche devient humide et huileuse ;
- absorber des aliments crus (qualité âpre) et cuits dans un même repas peut provoquer des digestions difficiles.

Les saveurs comportent elles aussi une énergie spécifique :

- les saveurs sucrée (Eau et Terre), amère (Espace et Air), astringente (Air et Terre) sont rafraîchissantes ;
- les saveurs acide (Terre et Feu), piquante (Air et Feu) et salée (Feu et Eau) sont échauffantes.

D'une manière générale, l'énergie chauffante augmente Pitta, diminue Vâta et Kapha en les pacifiant ; l'énergie rafraîchissante augmente Vâta et Kapha, diminue Pitta en l'harmonisant.

Leçon 5

Les associations alimentaires

L'Âyurveda n'émet pas directement des interdits mais souligne que certaines associations alimentaires (Samyoga) peuvent être néfastes à l'organisme et donc à éviter, surtout lorsque le feu digestif est fragilisé ou affaibli suite à une maladie, de la fatigue, une souffrance émotionnelle, etc.

Cette restriction concerne les produits à ne pas consommer ensemble et au même moment, car ils présentent des actions nuisibles sur le métabolisme, impliquant des difficultés digestives et déstabilisant l'harmonie interne des Dosha. Les saveurs et qualités d'énergie bien utilisées maintiennent le corps en bonne santé. Incorrectement employées, elles détériorent l'équilibre métabolique extrêmement sensible. Si le mélange de deux ou plusieurs substances est parfois heureux, il se révèle souvent désastreux, car combiner les aliments de façon judicieuse est un art qui demande subtilité et surtout une excellente connaissance des propriétés compatibles ou antagonistes, ces dernières venant affecter le corps et déséquilibrer les Dosha. Ces incompatibilités correspondent aux habitudes alimentaires de l'Inde, mais sont parfaitement applicables chez nous, l'Âyurveda apportant des réponses claires et simples à mettre en pratique : pour contrecarrer les effets toxiques des assemblages alimentaires malencontreux, les épices se révèlent de très précieuses alliées.

Principales associations incompatibles

L'Âyurveda reconnaît un certain nombre de produits antagonistes, faisant partie des aliments de base :

- le lait associé avec le poisson ou la viande, le café, le sel, le citron, la banane, l'ananas ou le tamarin, l'ail, la tomate ou le radis, le yaourt ou les féculents ;
- le miel avec le beurre clarifié ou l'eau bouillante (de par sa qualité, le miel est échauffant) ;
- les desserts au riz (sucré) et au petit-lait ou au vin ;
- les œufs et le poisson ou le fromage ;
- les yaourts avec les agrumes, une boisson chaude, le poisson, la viande ou le fromage ;
- les radis avec le raisin ou la banane ;
- la tomate avec le concombre et le citron ;
- le maïs avec les dattes, le raisin ou la banane.

Régler un trouble alimentaire

L'Âyurveda a su résoudre cette épineuse problématique grâce à l'emploi des épices. Elles sont d'excellentes guérisseuses. Pour régler un trouble alimentaire ou atténuer l'effet nuisible de la qualité d'un aliment, leur usage est un succès. Ainsi, le curcuma, le gingembre, la cardamome sont particulièrement efficaces pour disperser et atténuer la toxicité des combinaisons nutritives. Ne sont pas pour autant négligés l'état corporel et mental, comme le goût (appétit, saveurs, désir/aversion, etc.) et la capacité digestive de l'être, tous interrogés avant d'effectuer une régulation alimentaire, si elle se trouve nécessaire. Certaines nourritures seront alors plutôt conseillées afin de ré-harmoniser le ou les Dosha impliqués dans le déséquilibre constaté.

Voici la liste des épices conseillées pour anti-doter efficacement l'effet post-digestif et l'énergie défavorable des aliments mal associés.

- Produits laitiers : poivre et piment (fromage) ; persil, curcuma et oignons (œuf) ; clou de girofle et cardamome (crème glacée) ; coriandre et cardamome (crème aigre) ; cumin et gingembre (yaourt).
- Poissons et viandes : noix de coco, citron vert et citron (poisson) ; clou de girofle, piment et poivre de Cayenne (viande rouge).
- Céréales : curcuma, graines de moutarde, cumin (avoine) ; clous de girofle, grains de poivre (riz) ; gingembre (blé).
- Légumes : ail, poivre, piment, clou de girofle, gingembre, sel (fèves, haricots) ; curcuma, graines de moutarde (choux : à cuisiner dans de l'huile de tournesol) ; citron, noix de coco (ail) ; citron, huile d'olive (salades) ; citron, yaourt, graines de moutarde (oignon : à cuire ou à saler) ; grains de poivre et beurre clarifié (pommes de terre) ; citron vert ou cumin (tomate).
- Fruits : curcuma, citron, ail, poivre noir (avocat) ; cardamome (banane) ; cardamome et beurre clarifié (mangue) ; noix de coco et coriandre (melon) ; sel et piment (pastèque).
- Sucreries : gingembre.
- Boissons : gingembre (thé noir) ; noix de muscade et cardamome (café) ; cardamome, cumin (chocolat) ; cumin et cardamome (alcool). Ces boissons ont toutes en commun d'avoir un effet stimulant dans un premier temps puis dépresseur ensuite.

La diététique âyurvédique reste dans une logique de prise en compte du processus digestif : le feu digestif (Agni) doit être soutenu, avivé naturellement et accompagné dans son travail d'assimilation. Il est précisé que si l'on mange raisonnablement de tout, il n'y a pas lieu de s'inquiéter car tout est dans la mesure, l'harmonisation alimentaire s'appliquant lors de la déficience d'un Dosha, d'un dysfonctionnement interne et d'un déséquilibre énergétique.

Leçon 6

Les 20 qualités (Guna) des aliments

L'Âyurveda assure que la vie, la création, l'univers se déclinent par paire inverse et complémentaire. Ainsi, le Cosmos génère deux énergies féminine et mâle distinctes, opposées et complémentaires. Elles œuvrent conjointement en continuité sans se neutraliser, interagissent en une alternance soutenue et constante, et très activement sur l'être humain (réactions physio-biologiques, perceptions psychiques et émotives), et de même sur les rythmes célestes (lune, soleil...) et terrestres (marées, climat...), les saisons et les heures, les saveurs et les qualités des aliments : en un mot sur la Vie et tout ce qui la manifeste.

Les caractéristiques ou qualités (Guna, pris ici dans le sens littéral de « qualité, espèce, catégorie », à ne pas confondre avec les trois Guna.), désignent l'énergie potentielle contenue en toute chose. La particularité de la diététique indienne est qu'elle applique aux aliments cette spécification. Ainsi, leur action provient du contraste corrélatif existant entre elles : le chaud n'est chaud que par rapport au froid.

Classées par paires qualitatives, les Guna régularisent les Dosha : elles ont ainsi la capacité à les augmenter, les diminuer, les pacifier ou bien encore à les intensifier. Chacune des qualités présente certaines propriétés, et agit ou réagit en fonction du contexte tout en maintenant le savant équilibre des Dosha. Elles touchent également les états psychiques : nous devenons tour à tour lourd, dense, léger, subtil, grossier, distant, impatient, impétueux, rugueux, rude, tendre, délicat, dur, cruel, lent, réfléchi, excessif, extrême, fragile, évanescent. Nous ne devons pas oublier que nous nous nourrissons tout autant de nourritures terrestres que d'énergie et d'élan, d'impressions et de sentiments, de légèreté et de pesanteur, d'outrance et de patience, de ressenti allant parfois jusqu'au ressentiment. Tout est Rasa : la sève des subsistances, la vertu de votre âme, la finesse de nos émotions, le silence de l'aveu, la sève de l'expérience, les murmures du cœur, la quiétude du temps, la saveur de l'être. « *Sarvam annam* », tout est nourriture.

Mais à quoi servent ces fameuses qualités et que peuvent-elles nous apporter ?

La qualité de l'énergie absorbée par l'organisme ainsi que celle contenue naturellement par les aliments sont justement accommodées par les Guna, influant à leur tour sur la valeur énergétique des nourritures. Lorsque nous cuisinons, nous procédons à des assemblages et des mélanges, ce qui fait que, par cette opération, nous modulons et modifions leurs caractéristiques naturelles. De cette façon, nous agissons directement sur le plus subtil du corps : tout acte, tel que la cuisson par exemple, transforme les propriétés des aliments qui, à la source, sont crus. Cela produit, par répercussion, un effet particulier sur les Dosha. Cuire, même quelques instants, un aliment transforme sa nature et donc crée un effet post-digestif intéressant pour l'organisme. Ainsi, une plante de saveur amère (le céleri, le curcuma, la moutarde, la rose) et de nature froide, après cuisson et absorption, produira un effet post-digestif piquant, celui-ci stimulant le feu digestif indispensable à une parfaite assimilation :

> « *De la puissance du feu digestif découlent la force, la santé, l'espérance de vie et le souffle vital*[1]. »

Il me semble utile de vous préciser que la diététique âyurvédique souligne que toute qualité consommée de manière normale et modérée n'a pas d'incidence immédiate et vitale sur le corps et l'esprit. Ce sont bien plus nos excès qui deviennent toxiques et nocifs, et qui sont, ici, pointés du doigt, car ils viennent perturber grandement l'organisme et le psychisme, l'un n'allant jamais sans l'autre.

1. CharakaSamhitâ, Section I, chapitre XXVII [342].

Leçon 7

Petit répertoire des qualités

Ces qualités (Guna) sont au nombre de vingt et ont été classées par paire en un savant jeu.

Lourdeur et légèreté

Elles sont couplées comme le sont la pesanteur et l'apesanteur.

- La lourdeur (guru) diminue Vâta et Pitta, augmente Kapha, atténue le Feu et l'air, tonifie l'Eau et la Terre. Elle apporte fermeté aux tissus vitaux, force et satiété au corps, favorise la prise de poids, mais produit morosité, léthargie et rend atone.
- La légèreté (laghu) diminue Kapha, augmente Vâta et Pitta, réduit les excès, purifie le corps, allège l'esprit. Elle apporte vivacité, réactivité mentale, permet l'envol intérieur.

Lenteur et rapidité

Elles sont couplées comme le sont l'indolence et la vivacité.

➤ La lenteur (manda) diminue Vâta et Pitta, augmente Kapha, détend, décontracte, mais rend mou, faible et boudeur : l'être fait la moue.

➤ La rapidité ou l'aigu (tikçna) diminue Kapha, augmente Vâta et Pitta, brûle et pique ; elle aiguillonne l'esprit, aiguise la réflexion, éveille le cérébral, intensifie les émotions. Elle procure envie de faire, ardeur, intensité affective, et pétillement intérieur.

Froideur et chaleur

Elles sont couplées comme le sont la lune et le soleil.

➤ La froideur (çita) diminue Pitta, augmente Vâta et Kapha, insensibilise, contracte, accentue la torpeur et la peur.

➤ La chaleur (ushna) diminue Vâta et Kapha, augmente Pitta et intensifie Agni. Elle expanse l'être, enflamme le cœur, encourage l'impétuosité et réveille la digestion ; elle épure mais provoque colère et animosité.

Humidité et aridité

Elles sont couplées comme le sont l'écume et le dénuement.

➤ L'humidité (huileux ou gras) (snigdha) diminue Vâta et Agni, augmente Pitta et Kapha. Elle assouplit le corps, lubrifie et dénoue les articulations ; elle détend, adoucit le caractère, apporte vigueur, compassion, déploie l'amour. Elle développe la moiteur, rend tiède, imprègne, absorbe, inhibe et sature.

➤ L'aridité (sécheresse) (ruksha) diminue Pitta et Kapha, augmente Vâta et Agni. Elle déshydrate, dessèche, contient les émotions, accentue la nervosité.

Souplesse et rigidité

Elles sont couplées comme le sont le serpent et l'éléphant.

➤ La souplesse ou le lisse (çlaksna) diminue Vâta et Agni, augmente Pitta et Kapha. Elle dulcifie l'organisme, assouplit l'esprit, fluidifie, permet aux émotions de glisser ; elle apporte douceur et altruisme, mais rend le corps gras, accroît les mucosités (glaires, mucus), englue le mental.

➤ La rigidité (rude ou rugueux) (khara) diminue Pitta et Kapha, augmente Vâta et Agni. Elle craquelle la peau, entraîne des cassures osseuses, rend l'esprit négligent et oublieux, rigidifie l'être.

Densité et fluidité

Elles sont couplées comme le sont la terre et l'eau.

➤ La densité (sândra) diminue Vâta, Pitta et Agni, augmente Kapha. Elle densifie le corps, favorise la concentration, épaissit les chairs, réconforte mais amollit l'esprit, ébranle le raisonnement.

➤ La fluidité (drava) diminue Vâta et Agni, augmente Pitta et Kapha. Elle dilue les brumes émotionnelles, dissout les nœuds, liquéfie les amas, excite la salivation, apporte de la cohésion à la réflexion.

Douceur et dureté

Elles sont couplées comme le sont la mangue et la noix.

➤ La douceur (mrudu) diminue Vâta et Agni, augmente Pitta et Kapha. Elle incite à la tranquillité et à l'altruisme, à la méditation et à la réflexion intérieure, elle procure relaxation et détente, arrondit le caractère, rend tendre et délicat.

➤ La dureté (kathina) diminue Pitta et Agni, augmente Vâta et Kapha. Elle développe la stabilité, la force, la rigueur de l'esprit, insensibilise, mais accentue l'égoïsme et la rigidité.

Fixité et mobilité

Elles sont couplées comme le sont la montagne et la rivière.

- La fixité (sthira) atténue Vâta, Pitta et Agni, augmente Kapha. Elle stabilise l'organisme, équilibre l'esprit, fixe l'attention ; elle immobilise l'être, le pondère, apporte calme, solidité, fermeté, engendre la durabilité des choses, mais fige et rend statique.
- La mobilité (çala) diminue Kapha, augmente Vâta, Pitta et Agni. Elle facilite la motilité, la souplesse, délasse ; elle affaiblit, accentue l'instabilité, agite l'esprit, exacerbe le manque de confiance.

Subtilité et rudesse

Elles sont couplées comme le sont le parfum et l'écorce.

- La subtilité (sûksma) diminue Kapha, augmente Vâta, Pitta et Agni. Elle apporte finesse, délicatesse, amincit, délie l'esprit et le raisonnement ; elle ouvre les canaux subtils (nâdî), élève sentiments et émotions, amplifie la sensibilité.
- La rudesse (sthûla) diminue Vâta, Pitta et Agni, augmente Kapha. Elle grandit, élargit l'esprit, mais rend grossier, obstrue les canaux, épaissit le corps et peut causer de l'obésité.

Opacité et clarté

Elles sont couplées comme le sont l'ego et la conscience.

- L'opacité (âvila) diminue Vâta, Pitta et Agni, augmente Kapha. Elle guérit les fractures, répare, mais apporte trouble, torpeur, confusion, manque de clarté.
- La clarté (viçada) diminue Kapha, augmente Vâta, Pitta et Agni. Elle apaise, clarifie l'esprit, dépose limpidité dans le cœur, purifie le corps, mais isole, introvertit.

Leçon 8

Déclinaison des Guna

La qualité **lourde** augmente l'appétence, l'esprit devient lent, réfléchi, fier et grave.

En excès : le corps devient léthargique, pesant et imposant, rendant l'esprit morose et terne.

La qualité **légère** facilite la digestion et assainit l'organisme. Son action est rapide, elle va vers le bas. Apportant de la douceur dans la perception des sons, elle dénoue les liens énergétiques, développe fraîcheur d'esprit, vivacité et attention. La pensée est plaisante, l'être se sent libre, sans entraves.

En excès : elle suscite de la faiblesse et a une qualité d'action très brève.

La qualité **lente** détend, tranquillise, apaise, relâche les tensions.

En excès : elle intensifie la maladie, amène de la mollesse au corps. L'être devient indolent, indifférent, se sent faible, n'a plus de ressort énergétique.

La qualité **rapide** agit de façon immédiate sur le corps. Elle est pénétrante, se déplace rapidement au sein de l'organisme, donne une sensation de sautillement. Elle favorise l'acuité, la rapidité de compréhension, rend l'esprit perspicace.

En excès : elle peut engendrer des ulcères ou des perforations internes, déclenche des crises soudaines et des maladies aiguës.

La qualité **froide** intensifie le froid interne, refroidit l'organisme, apaise le feu interne excessif, rafraîchit notamment dans la fièvre accompagnée de frissons et aiguise le mental.

En excès : elle peut créer des contractions (contractures, crampes, constrictions), rendre l'esprit insensible, tranchant, la réflexion inconsciente et accroître le sentiment de crainte, gelant l'expression des sentiments. L'être adopte une attitude d'extrême froideur.

La qualité **chaude** vivifie la chaleur vitale, assainit et épure l'organisme, produit de l'ardeur, active la digestion. L'être est impétueux, vif, actif, expansif. L'esprit s'enflamme, brûle de découvrir, d'apprendre.

En excès : elle engendre des inflammations. L'esprit devient coléreux, l'être peut ressentir de la haine.

La qualité **aride** (sèche) accentue la sécheresse naturelle ainsi que l'absorption des nutriments.

En excès : elle devient aride, son action est rude, favorisant la constipation. Elle déforme les saveurs, intensifie la saveur âpre, ou donne l'impression que tout est sans saveur. L'être est très nerveux, il parle avec rudesse et de façon saccadée. Il est souvent d'apparence sale, sa tenue est négligée, son comportement est brutal. L'esprit est morne, parfois cruel.

La qualité **humide** (grasse, huileuse) lisse l'organisme, huile le corps. Elle apporte de l'humidité et lubrifie les articulations, rend la peau douce et brillante. Elle donne de la grâce aux mouvements et de la tendresse aux sentiments.

En excès : son action est visqueuse, adhérente, produisant des colles (surplus de mucus). Elle graisse trop l'organisme, l'encrassant, fixant les toxines le long des parois (vaisseaux, veines, artères, tube digestif, etc.). La peau devient moite. L'esprit se fait onctueux, possessif, poncif, se montrant attaché à outrance aux êtres et aux choses.

La qualité **souple** (lisse) atténue la rugosité, polit le corps et lui apporte de la délicatesse, l'esprit prête attention à autrui, l'être s'exprime avec tendresse. Son action est glissante, facilitant l'assimilation des aliments et des expériences.

En excès : elle crée de la viscosité dans l'organisme et exalte l'altruisme.

La qualité **rigide** (rude) apporte de la solidité au corps et de la gravité à l'esprit.

En excès : elle produit rigidité, épaisseur des tissus vitaux, dureté du comportement. Elle blesse la peau, provoque des craquements des os et de l'épiderme. L'esprit devient négligent, insouciant et injurieux. L'être se ferme dans la rudesse, la brusquerie et l'âpreté.

La qualité **dense** (épaisse) densifie le corps et l'énergie, développe la force intérieure.

En excès : elle inverse son action en rendant le corps mou et lourd, épaississant excessivement les tissus et la peau. L'esprit devient coupant, l'être agit dans la force, veut plier les événements à sa volonté.

La qualité **fluide** liquéfie les stagnations, dissout les accumulations toxémiques, favorise la salivation, les sécrétions et la transpiration. Elle stimule les écoulements. L'esprit est cohérent, l'être se sent « entier » (une unité).

En excès : elle provoque des suintements, des pertes de fluide et de liquides (écoulements vaginaux, urine, sperme, sang, etc.). L'esprit se sent pris dans un flot de pensées qui l'épuise.

La qualité **douce** affaiblit la dureté du corps, elle le rend plus souple, favorise la détente nerveuse. L'être est délicat et gentil, sa démarche est lente, la voix est tendre, l'esprit est porté par le sentiment de tendresse.

En excès : elle ramollit les tissus, l'attention se relâche, la sensibilité est exacerbée.

La qualité **dure** accentue la force, la rigidité corporelle et mentale.

En excès : l'être est inflexible et égoïste. Il peut faire preuve d'insensibilité et de cruauté, donnant l'impression de manquer de cœur.

La qualité **fixe** stabilise l'organisme, équilibre le mental. Elle renforce la fermeté et la solidité corporelle, l'esprit de décision, développe la foi. L'être est calme, résolu, montre du sang-froid. Son action enracine : elle soutient l'incarnation (et son acceptation). Elle apporte de la permanence et de la sûreté aussi bien dans l'action thérapeutique que dans le comportement de l'être.

En excès : elle obstrue l'organisme, provoque de la constipation et des retenues (énergétique, déchet, toxines, etc.). L'être se fige, refuse le changement, donne l'impression d'avoir un cœur dur.

La qualité **mobile** soutient tous les mouvements du corps et de l'esprit.

En excès : elle engendre de l'instabilité dans les symptômes, les pensées et les émotions. Elle entraîne de l'agitation nerveuse (excitation de l'esprit, énervement, idéation excessive, fourmillement, etc.). L'être ressent un manque de confiance en lui, son esprit est trompeur et se trompe, fait preuve d'une apparence fausse. Il croit voir des ressemblances en toute chose et son raisonnement est erroné.

La qualité **subtile** traverse le corps, le transperce, le délie, l'affine, le déleste des surcharges accumulées et du poids des pensées créé par le mental. Elle aiguise l'esprit, définit le corps subtil, pénètre les vaisseaux énergétiques (nâdî), clarifie les sensations.

En excès : elle amplifie les impressions émotives et affaiblit l'esprit.

La qualité **rude** (solide) rend le corps tangible et visible, agit sur le corps grossier (Sharira sthula, enveloppe de l'âme) et agrandit le champ de perception.

En excès : elle produit de l'obésité, alourdit le corps, l'élargit. L'être se sent épais, vaste, massif. L'esprit devient rude ou plonge dans le désir d'ignorance.

La qualité **opaque** (trouble) efface les perceptions, répare les fractures physiques et psychiques.

En excès : le corps devient opaque, l'esprit ne perçoit plus les choses telles qu'elles sont. Elle provoque le manque, donne l'impression du « non perçu », les pensées sont troublées, l'être a la sensation d'être dans le brouillard. Elle tend à anesthésier toutes les sensations.

La qualité **claire** nettoie le corps, pacifie l'organisme, équilibre les énergies internes, apaise l'être, procure de la netteté à l'esprit qui devient gai et habile à raisonner.

En excès : elle incite l'être à s'isoler, n'ayant de cesse de rechercher la pureté et la clarté, et le corps tend à s'amollir.

Lettre IV

Vents gourmands

« La cuisine et l'alchimie sont également difficiles. »
Proverbe hindi

26 octobre, Kottayam.

L'Inde surprend par ses exubérances et ses extrêmes. Cela, vous vous en doutiez déjà. Mais si vous avez songé que sa cuisine se compose exclusivement de curry, de riz et de quelques sauces parfumées, je vous affirme sans détour que vous êtes loin de ses richesses. Ici, pas de plat national, de curry type, de préparation stéréotypée : tout est question d'équilibre, de variété, de nuance, de simplicité et... d'épices : une cuisine toute en contraste selon les régions, les familles, les traditions, les influences, les appétits, qui transcende le palais et rend jubilatoires nos papilles.

L'Âyurveda révèle une savante et ludique palette où entrent en jeu feu digestif (Agni), éléments cosmiques, saveurs, humeurs (nos chers Dosha), qualités (Guna), énergie, rythme horaire et cycle saisonnier.

Cuisiner est un Jeu (lîlâ) nourrissant le Je. Tel le jeu de dés ou le jeu d'échecs, accommoder saveurs et nourriture est un jeu d'assemblage demandant réflexion et méditation. On entre en cuisine comme on entre en jeu : tout dépend de l'état d'esprit avec lequel on choisit le mets à préparer.

Leçon 1

Le goût du Jeu

Les Indiens sont joueurs. Ils aiment décliner grammaire, saveurs, sentiments, jeux de mains, jeux de regards, jeux des senteurs. Et ce jeu porte un joli nom : Rasa. Il est la couleur et le parfum de la vie, un frôlement, une suggestion. Il propose et invite. Évocation, inspiration, il suscite, invoque, soulève une émotion, réveille une saveur, inspire un désir. Essence cachée, substance intime, Rasa est en tout : plante, animal, fruit, vent, homme, femme, pierre, océan, soleil, nuages... Nuancier harmonique, il teinte toute chose d'infini et de subtilité qui fait que chaque chose est singulière et unique, ne ressemblant à aucune autre. Cet art expressif et plein de finesse regarde l'ensemble des arts indiens (danse, médecine, poésie, musique, philosophie, yoga...). Toute chose contient du sentiment : arbre, papillon, souffle, mousson, danse... Tout est Rasa : la qualité d'âme, l'expression d'une émotion, la force du sentiment, le suc des nourritures, la sève de l'expérience, le bruissement du cœur, la saveur de l'être. La vie, comme sa réalisation personnelle, l'esprit avec lequel cela est accompli, le sentiment (Rasa) animant l'état d'âme à chaque accomplissement, la qualité d'être.

Dans la tradition âyurvédique, Rasa apparaît dans la phytothérapie (Rasavidyâ), guidant le choix thérapeutique et entre dans les règles d'or de la diététique.

Nous nous nourrissons non seulement d'aliments solides et liquides, mais aussi de tout ce qui émane de nous (émotions, pensées, ressenti) et de notre environnement (sons, air, ambiance). Un échange permanent de notre conception à notre mort, un partage et don constant, qu'il soit physique, psychique, énergétique, biologique, subtil, quantique, spirituel, car en toute chose, *Tout* est présent.

Les règles du jeu ? Elles sont simples et évidentes :

- réapprendre à nous nourrir convenablement en ne refusant aucune saveur (rasa), en apportant à notre corps les liquides (rasa) nécessaires à sa pérennité : eau, lait, jus de fruit, potion (tous rasa) ;
- soutenir notre esprit à avoir goût pour quelque chose (rasa), un désir (rasa) créatif, lui donner de l'agrément (rasa) ;
- affermir notre caractère (rasa) en reconnaissant notre âme ;
- et nous rappeler que tout est aussi nourriture (sarvam annam) : vent, subsistances, énergie, musique, eau, saveurs, paroles, silence, respiration, regard, sentiment...

Leçon 2

L'alchimie des saveurs

Cuisiner est une subtile alchimie, un art savant demandant habilité, doigté et sens de l'accord, et se révèle parfois complexe. Pour qu'un plat offre toutes ses qualités gustatives, la règle d'or est la simplicité. Sous un dehors attrayant, les mélanges en trop grand nombre tuent les saveurs. Si on fait trop peu de mélanges, cela donne un arôme fade. Par ailleurs, certains mélanges peuvent franchement devenir immangeables. Avoir le goût de la vie est donc, par essence, primordial. Celui-ci siège dans le cœur, en union étroite avec la joie de vivre. Les saveurs sont là pour aviver le plaisir de se sustenter, nourrir l'énergie du cœur et maintenir le corps en bonne santé :

> « *Donc, utilisées aux doses convenables, les six saveurs sont très bénéfiques aux êtres vivants. Sinon, elles deviennent nuisibles. C'est pourquoi l'homme avisé en usera correctement, en respectant les dosages, afin d'en tirer le meilleur avantage*[1]. »

Les saveurs apaisent les Dosha en éloignant les éléments contraires, c'est-à-dire lors d'un usage incorrect des nourritures :

- ➤ méconnaissance des règles alimentaires ;
- ➤ emploi excessif de certains produits (huile, miel, beurre par exemple) ;

1. CharakaSamhitâ, Section I – Chapitre XXVI [44].

- dépendance de substances (sel, poivre long, alcool...) consommées de façon exagérée ;
- inattention aux besoins naturels du corps, jeûne prolongé ou répétitif, esprit inattentif en mangeant, mets trop riches, sans omettre l'incidence de l'émotionnel venant affecter le psychisme, et, par répercussion, la sphère gastro-intestinale.

Les saveurs âyurvédiques, au nombre de six, revêtent un intérêt capital pour le fonctionnement du corps et son équilibre métabolique. Elles possèdent, chacune, des propriétés bien définies, permettent de calmer les troubles provenant des Dosha, de pallier les lésions affectant les Dhâtu, et de maintenir la santé par leur effet préventif. La CharakaSamhitâ recommande, d'ailleurs, de les consommer toutes, chaque jour.

La saveur douce

Constituée des éléments Eau et Terre, de nature froide et rafraîchissante, la saveur douce (ou sucrée) (madhura rasa) clarifie le corps et donne de l'éclat à la personne. Elle soutient le corps, l'assainit, le nourrit et l'apaise en créant une impression de chaleur douce et de fraîcheur. Antidote de ce qui empoisonne l'être, elle permet de le libérer des stagnations émotionnelles et toxémiques. Associée au désir, elle développe l'énergie d'avoir envie, donc d'aspirer à créer, à concevoir et à engendrer. Elle est considérée comme convenant à Kapha (dilaté et rétracté).

Elle renforce les tissus vitaux, consolide les os et les répare. Elle diminue le feu digestif. Elle apporte un effet de bien-être et de force. Elle rassérène et éveille le mental tout en apportant une sensation de plaisir. Elle est conseillée pour l'entretien de la peau, des cheveux et des sens. Elle agit sur Ojas et augmente le lait maternel.

En excès : elle bouscule l'énergie de la rate et du pancréas. Elle accroît la prise de poids et peut développer de l'obésité, tout en engendrant une perte d'appétit ainsi qu'un développement anormal du tissu musculaire. Ralentissant le fonctionnement du corps, elle donne un sommeil excessif, de la lourdeur, favorise la toux et le diabète. L'esprit devient inconscient et a des difficultés à se concentrer.

La saveur acide

Constituée des éléments Terre et Feu, de nature chaude et chauffante, la saveur acide (ou aigre) (amla rasa) convient plus particulièrement à la double typologie Kapha (rétracté)/Pitta. Associée à l'émotion « envie », elle augmente et stimule le feu digestif. Elle aiguise l'appétit et l'esprit, facilite la digestion (notamment la sécrétion de la bile et son arrivée). Elle aide à l'élimination notamment lors de stagnation dans la zone pelvienne due à l'inertie de l'énergie Vâta. Elle rend l'intellect vif et clair. Elle avive l'énergie et la lucidité. Elle fortifie les organes des sens, active la salivation et toutes les sécrétions. C'est une saveur onctueuse qui donne de la légèreté.

En excès : elle trouble l'énergie de l'estomac et provoque l'augmentation de la soif. Elle peut intoxiquer le sang en apportant des ulcérations (sphère stomacale), de l'acidité, des œdèmes, une grande sensibilité dentaire et des troubles oculaires. Elle entraîne un relâchement mental et un ramollissement des chairs et des tissus. Le corps perd de sa force.

La saveur piquante

Constituée des éléments Air et Feu, de nature chaude et échauffante, la saveur piquante (ou âcre) (katu rasa) convient bien à la double typologie Vâta/Pitta. Associée à l'émotion « colère », elle stimule l'appétit, améliore les capacités gustatives et augmente le feu digestif. Elle facilite la digestion et l'absorption nutritionnelle. Elle sèche l'humidité des aliments, en évitant les stagnations « liquides ». Elle ouvre et dilate les canaux, nettoie et purifie l'organisme (notamment le sang). Elle occasionne des sensations de brûlure au niveau buccal, développe les sécrétions des yeux, du nez et de la bouche. Elle fortifie le corps. Elle enflamme l'esprit et redonne de l'ardeur.

En excès : elle perturbe l'énergie du cœur. Elle augmente fortement la transpiration et la soif, excite la chaleur interne en provoquant vertige, évanouissements, brûlures au niveau de la gorge, de l'estomac et des palpitations cardiaques. Elle abaisse la force et diminue le tissu reproductif, entraînant des tremblements, des contractions ainsi que des douleurs dans le dos et à la taille. Elle renforce le terrain spasmodique de Pitta.

La saveur amère

Constituée des éléments Espace et Air, de nature froide et rafraîchissante, la saveur amère (tikta rasa) convient à Vâta. Associée à l'émotion « peine », elle favorise, par son piquant, les autres saveurs en les mettant en valeur, les faisant ressortir. Elle aiguise le goût, apaise ce qui irrite, adoucit les sensations de brûlure corporelle. Elle sèche les humidités en surplus, notamment celles se trouvant en excès dans le tissu adipeux, les fèces, l'urine ou encore les muscles. Antitoxique et bactéricide, elle purifie et désintoxique, aide à voir plus clair, clarifie les idées en nous faisant percevoir les choses telles qu'elles sont.

En excès : elle dérange l'énergie des poumons. Elle augmente la sécheresse du corps, accentue l'émaciation et la rugosité cutanée. Elle diminue la moelle osseuse (et la semence masculine), provoque un épuisement des tissus vitaux. Elle prédispose aux pertes de connaissance et peut faire perdre la perception du goût.

La saveur salée

Constituée des éléments Feu et Eau, de nature chaude et échauffante, la saveur salée (lavana rasa) convient à Pitta comme à la double typologie Pitta/Kapha (dilaté). Associée à l'émotion « jalousie », elle rend robuste, renforçant le corps en pénétrant les tissus vitaux. Elle lève les obstructions des canaux énergétiques en les dégageant ainsi que celles se produisant au niveau des pores de la peau. Elle agit sur la salivation et l'activité digestive qu'elle augmente. Elle soutient la digestion, a une action laxative et antispasmodique. Elle lubrifie l'organisme, fait transpirer. Elle rend l'esprit franc et droit et améliore la perception gustative :

toutefois avec un bémol, car sa tessiture est lourde et elle annule les effets des autres saveurs.

En excès : elle gène l'énergie des reins et peut perturber l'élément Eau qu'elle retient, dérangeant ainsi l'écoulement naturel des liquides organiques notamment le flux sanguin. Elle engendre des troubles de la circulation sanguine, fait décroître la force du corps. Elle aggrave les maladies de peau, favorise l'apparition de boutons ainsi que toutes les éruptions cutanées. Chez Pitta, elle ouvre la porte à l'hypertension.

La saveur astringente

Constituée des éléments Air et Terre, de nature froide et rafraîchissante, la saveur astringente (ou âpre) (kasâya rasa) convient plutôt à la double typologie Vâta/Kapha (rétracté). Associée à l'émotion « peur », elle est sédative et modère la digestion. Elle met l'organisme au ralenti et le corps en repos. Elle nettoie le sang, absorbe l'humidité interne naturelle. Toutefois, son âpreté peut créer une sensation d'étouffement en perturbant le sens gustatif. Elle est coagulante et encourage la vasoconstriction. C'est une saveur sèche, rude et de « dépouillement » qui peut endommager l'eau (les liquides de l'organisme). Elle sèche les graisses. Elle permet de réfléchir, donne à l'esprit le goût de l'étude, du silence intérieur et de la réflexion. C'est une saveur rare.

En excès : elle constipe et bloque les émonctoires. Elle apporte de la distension tissulaire, ainsi que l'obstruction de la parole par sécheresse de la bouche. Elle peut diminuer la perception du goût. Chez Vâta, elle peut aussi nuire au cœur car elle touche directement le système cardiovasculaire et respiratoire.

Leçon 3

Nuancier culinaire

Les nourritures sont des offrandes sacrées. Il est coutumier d'offrir fruits, fleurs, épices, aliments aux divinités, et Krishna en est friand paraît-il. Véritable miroir de nos actes, paroles, pensées et sentiments, lorsque nous les choisissons, elles reflètent nos états d'âme et révèlent notre nature intime. Chaque Dosha présente bien des particularités quant à sa façon de se nourrir. J'en trace ici les traits marquants. Pour définir votre Dosha, je vous propose un test en annexe.

Vâta

Vâta est un être qui tend vers ce qui est extrême, irrégulier, léger. Vâta s'envole, n'a pas les pieds sur terre, peut ne pas être relié à la terre. Il est dans le « trop » (cela fait trop mal, c'est trop difficile ou douloureux, etc.) et le « trop » le fatigue : trop de voyages, de déplacements, d'exercices, exagération des sens, de stimulants (alcool, par exemple) et de nourritures « froides ». Il est exceptionnellement sensible aux ambiances : il a besoin de sentir (c'est un « olfactif »), palper l'ambiance (lieu, personne, nourriture) avant d'aller plus loin et fonctionne en « hyper »[1].

1. CharakaSamhitâ, Section III, Chapitre I [24].

Bien que le froid l'aggrave, il est attiré par le glacé et les saveurs piquantes, astringentes et amères qui accentuent ses tendances naturelles.

Son Dosha est amplifié par :

- les variations brusques de température ;
- les veillées tardives et le manque de sommeil : il retarde le moment de dormir, dort peu ou mal ;
- le travail nocturne : Vâta est un être complexe qui a besoin de repos et de calme, d'habitudes mais qui est capable de réfléchir, d'étudier, d'écrire, de travailler tard dans la nuit (minuit est le moment où son esprit est le plus créatif et actif) ;
- les soucis, l'anxiété, les chagrins (qu'il réprime), la peur du lendemain ou de l'inconnu qui agissent fortement sur son moral ;
- le jeûne, les lavements internes fréquents qui lui sont nocifs ainsi que la suppression des besoins naturels : Vâta se sent toujours mieux après avoir éliminé (selles, urine, règles, sang, larmes, émotions, etc.) ;
- Vâta se sent moins bien en automne et au début de la saison froide : il a souvent du mal à s'adapter et à franchir les changements saisonniers, il est souvent oppressé lors d'un passage d'une heure à une autre.

Pitta

Pitta est un être qui tend vers l'excessif, l'aigu, le rapide, le supérieur. Pitta brûle, se consume, flambe. Il fonctionne, comme Vâta, en « hyper » (+++) et a trop de feu dans le cœur, ce qui engendre un déséquilibre au niveau du système digestif et du psychisme. Il a besoin de consommer beaucoup de nourriture et de boissons car son appétit est important et sa soif est fréquente.

Son Dosha est amplifié par :

- la chaleur et la saison chaude qui le fatiguent extrêmement ;
- les nourritures riches, le sel (vers lequel il est attiré naturellement), les viandes rouges, les saveurs épicées et aigres (acides) qui augmentent son feu intérieur, renforçant ses tendances colériques, son irritabilité et son autoritarisme ;

- l'irrégularité des repas, les médicaments, l'alcool, la peur de l'échec (Pitta est orgueilleux) ;
- le travail intellectuel intensif et le flot de pensées qui abîment son énergie ;
- le fait de faire des efforts physiques en milieu de journée qui sont autant de facteurs qui déséquilibrent Pitta.

Kapha

Kapha, d'une manière générale, est un être qui tend vers les extrêmes (le large ou l'étroit, le lent ou le rapide), s'enrhume pour un rien, absorbe de petites quantités de nourriture et présente la particularité d'être privé sans problème de nourriture ou de boisson pendant un certain temps facilement.

Il oscille de façon quasi permanente entre la dilatation et la rétraction et se nuance en deux caractères :

- *Kapha dilaté* est gros mangeur, ayant besoin de beaucoup de quantité pour être rassasié, pouvant verser vers la boulimie. C'est un être qui n'aime pas être bousculé ni être dérangé dans ses habitudes ;
- *Kapha rétracté* absorbe de petites quantités de nourriture, peut être privé sans problème de nourriture ou de boisson pendant un certain temps. C'est un être prédisposé à l'anorexie et qui a beaucoup d'inhibitions. Il sursaute facilement, tend à vouloir disparaître, à se fondre. Il craint la foule, la multitude et a peur du contact physique, n'aime pas être touché.

Son Dosha est amplifié par :

- la sieste (qui est pourtant sa tendance naturelle), le sommeil excessif (dix, douze heures lui semblant nécessaires pour se sentir reposé) ;
- le manque d'exercice (Kapha tend à se figer, à se scléroser) et le fait de ne rien faire ;
- le fait de continuer à manger alors qu'il est rassasié : Kapha mange mal (déséquilibré) et trop : il est attiré vers le sucré, la viande, les graisses, les fritures, le lait, le fromage qu'il ingurgite en excès : Kapha est avide (de tout) ;

- les tranquillisants et les sédatifs renforcent l'asthénie naturelle de son esprit ;
- le doute, les émotions (qu'il ressasse et dans lesquelles il se complaît), la possessivité et le manque de compassion corrompent Kapha.

La clé des Dosha

Pour pallier ces déséquilibres, l'Âyurveda a puisé dans la richesse thérapeutique des épices.

Pour Vâta

- L'ail va stimuler la glande thyroïde, recharger le système nerveux en le tonifiant et relancer le métabolisme.
- Le basilic rééquilibre l'énergie des reins et celle du système nerveux.
- La cannelle de Ceylan est à la fois tonique et stimulante générale, respiratoire et nerveuse, elle sera très utile dans l'asthénie et la dépression cyclothymique de Vâta.
- La cardamome va dégager et alléger la sphère digestive, souvent encombrée chez Vâta, ainsi que prévenir des refroidissements coutumiers.
- La coriandre douce, euphorisante, permettra de prévenir la fatigue générale typique de Vâta.
- Le cumin permet à Vâta d'assimiler et de digérer les « épreuves » de la vie.
- Le gingembre est un excellent rééquilibrant.

Pour Pitta

- L'ache des marais est à la fois un puissant tonique et un excellent sédatif, qui rassurera Pitta, souvent hypocondriaque.

- La cardamome apaisera les spasmes digestifs coutumiers de Pitta ainsi que les contractures au niveau musculaire par excès de tension (mentale ou sanguine).
- La coriandre douce régule Pitta en apportant de la souplesse à sa cérébralité. Neurotonique, elle pourra l'ouvrir sur son âme.
- Le cumin aura un effet calmant et apéritif, permettant à Pitta de manger sereinement. Il agira également bien lorsque Pitta connaîtra des insomnies par surmenage cérébral ou idéation.
- Le curcuma préviendra du dysfonctionnement du foie, assez fréquent chez Pitta, et déviera les colères rentrées vers la créativité.
- Le gingembre rééquilibrera le feu intérieur de Pitta en évitant qu'il devienne destructeur.
- La muscade viendra apaiser le mental surexcité de Pitta. Elle calmera le système nerveux toujours fortement sollicité.
- La nigelle régulera le flux sanguin en réactivant les défenses naturelles, évitant les vertiges, les épuisements familiers chez Pitta.
- Le poivre long sera un bon tonique stimulant des glandes digestives, facilitant l'assimilation des expériences.

Pour Kapha

- L'ache des marais est à utiliser en drainage (au niveau hépatocytaire) en cas d'encombrement hépatique et de lourdeur, chez Kapha dilaté.
- La cardamome est excellente pour Kapha rétracté, elle « ouvre ».
- Le cumin harmonise Kapha dilaté en soutenant le système digestif.
- Le curcuma agit très bien en cas de paresse fonctionnelle et cérébrale chez Kapha dilaté.
- La nigelle est un très bon régulateur pour Kapha rétracté. Elle calme ses angoisses et peut dénouer sa tendance phobique.
- Le poivre long est actif chez Kapha rétracté. C'est un bon tonique stimulant des glandes digestives, permettant l'assimilation des expériences et leur digestion.

Leçon 4

Les règles d'or

> « *Voici maintenant les règles diététiques à l'usage des gens en bonne santé, des malades et de ceux qui consomment des nourritures saines d'une façon régulière en respectant les rythmes saisonniers : on mangera chaud et onctueux, en quantité raisonnable, après complète digestion du repas précédent ; on consommera des produits non antagonistes, dans les endroits qui conviennent et avec les ustensiles adéquats ; on mangera ni trop vite ni trop lentement, sans parler ou rire ; après quoi on restera bien concentré sur le Soi (âtman)*[1]. »

Ces règles fondamentales, bien qu'évidentes, sont rarement respectées, et pourtant, lorsqu'on y réfléchit, nous réalisons qu'elles relèvent simplement du bon sens. La façon dont nous mangeons, les aliments choisis, l'environnement dans lequel nous prenons nos repas sont des éléments déterminants pour éveiller le feu digestif, la qualité nutritive absorbée et l'harmonie intérieure. Je les soumets à votre réflexion.

1. « On prendra des aliments chauds parce que la chaleur fait ressortir les goûts. Ces nourritures chaudes favorisent le feu digestif, permet-

1. CharakaSamhitâ, Section III, Chapitre I [24]. Les neuf points évoqués sont extraits de la CharakaSamhitâ, Section III – Chapitre I [25].

tent une digestion rapide, éliminent les gaz intestinaux et réduisent la formation de mucosités. C'est pourquoi l'on doit manger chaud. »

2. « La nourriture sera aussi onctueuse (c'est-à-dire à base de corps gras), parce que celle-ci est appétissante, stimule le feu digestif paresseux, facilite la digestion, permet l'évacuation des gaz, est roborative, renforce les organes des sens, donne force et clarté au teint. On devra donc manger des substances grasses. »

3. « Les quantités prescrites devront être respectées. Seule la nourriture consommée dans le respect des quantités pourra assurer une grande longévité car elle ne déséquilibre alors ni l'air, ni le feu, ni l'eau. Elle s'élimine aisément par l'anus et ne gêne pas le travail du feu digestif. Elle facilite donc la digestion. C'est pourquoi il faut être strict sur les quantités. »

4. « On ne devra manger que lorsque le précédent repas est digéré, car si l'on mange sans avoir digéré, la nourriture, en se mélangeant aux restes du repas précédent, dégrade rapidement les éléments. Par contre, quand on absorbe les aliments après digestion des précédents, celle-ci s'opère sans problème ; les dosa ne bougent pas de leurs positions naturelles, le feu digestif se trouve stimulé, l'appétit revient, les vaisseaux sont dégagés, l'éructation se libère, le cœur est sain, les gaz descendent normalement ainsi que le besoin de péter, l'urine et les fèces s'éliminent avec aisance. Les aliments absorbés sustentent le corps et donnent la longévité sans léser les constituants corporels. Donc on ne doit pas manger avant d'avoir totalement digéré le repas précédent. »

5. « Les produits antagonistes devront être évités. C'est la seule façon de n'être pas affecté par les maladies causées par l'ingestion d'aliments ayant des propriétés contraires. C'est pourquoi on se gardera de consommer des substances dont les propriétés sont antagonistes. »

6. « Il est impératif de prendre ses repas dans des endroits favorables et de servir de bons ustensiles. En effet, si l'on mange dans des lieux choisis, on évitera les troubles psychiques dont on ne manquerait pas d'être victime en tout endroit funeste. Pour les ustensiles, la

consigne est la même. Donc il faut manger au bon endroit et avec les instruments adéquats. »

7. « Il ne faut pas manger trop vite car, dans ce cas, la nourriture se trouve détournée de son circuit normal. Cela provoque un mouvement de dépression et les aliments ne suivent pas la voie juste. En outre, on devient alors incapable de détecter les défauts ou les bienfaits des aliments en procédant de la sorte. En conséquence, il s'avère indispensable de ne pas manger trop vite. »

8. « On ne doit pas manger, non plus, trop lentement car on n'obtient ainsi aucune satisfaction : on mange peu, la nourriture refroidit et est mal digérée. C'est pourquoi il est déconseillé de manger top lentement. »

9. « Enfin, on ne doit parler ni rire en mangeant, mais rester concentré. En pratiquant de la sorte et en ayant l'esprit ailleurs, on se trouve affligé des mêmes problèmes que lorsque l'on mange trop vite. Donc, abstenons-nous de parler et de rire pendant les repas et conservons notre concentration. »

Leçon 5

Quelques conseils pour bien digérer

L'Âyurveda a prêté une oreille attentive à la manière dont nous mangeons, mâchons, déglutissons ainsi qu'à notre attitude lors des repas. Ce qui me semble raisonnable de préciser, c'est qu'il convient de les adapter à notre mode de vie actuel.

➤ Mangez dans le calme, jamais « sur le pouce », savourez chaque bouchée.

➤ Préférez les aliments naturels et de qualité, frais et de saisons.

➤ Équilibrez vos repas entre les aliments chauds et froids : le trop chaud et le trop froid ne doivent pas être associés.

➤ Écartez les nourritures raffinées comme les produits transformés, ayant perdu leurs nutriments, entraînant carences et toxines.

➤ Dégustez les fruits en dehors des repas, cela favorisant leur digestion et évitant la fermentation naturelle produite par leur absorption.

➤ Évitez de manger juste après une forte émotion, en ayant le ventre noué ou un grand effort, comme en l'absence de sensation de faim, l'énergie métabolique n'étant pas vacante pour assurer l'assimilation.

- Et dans la mesure du possible, faites plusieurs petits repas par jour en respectant le rythme horaire des Dosha.
- Si vous mâchez lentement, vous éveillez Agni, le feu digestif, ce qui facilite la digestion.
- Respectez votre temps digestif afin de ne pas surcharger l'organisme et de préparer le corps à recevoir de nouveau à manger (entre trois et six heures selon).
- Variez vos repas sans omettre de changer vos réflexes alimentaires.
- Dégustez...
- Et n'oubliez pas d'ajouter une pincée de ces extraordinaires guérisseuses que sont les épices. Elles vous aideront grandement à assimiler vos nourritures, harmoniser votre être intérieur, renforcer vos défenses naturelles, équilibrer vos humeurs et assurer votre bien-être.

Leçon 6

Tout est affaire de goût...

Les épices occupent une place privilégiée dans ma vie et mon travail de thérapeute. Elles font partie de mon quotidien, sont fort à mon goût, et les goûts sont multiples : l'Inde, n'est-elle pas le pays aux cent peuples, aux multiples religions et aux innombrables dieux, et aux mille saveurs ?

Cuisiner demande du doigté, de la finesse, du palais et de l'originalité, mais aussi une bonne connaissance des ingrédients utilisés. On ne travaille pas de la même façon une plante fraîche, sèche, en graines, en feuilles ou en poudre. Les assemblages seront différents selon les saisons, les régions et les traditions culinaires. Il paraît qu'il existe autant de curry qu'il y a de familles indiennes. Sur une base commune, elles ont su apporter chacune leur touche d'épices, et il est coutumier de reconnaître de quelle famille provient le curry rien qu'en le goûtant.

Aromates et épices apportent une très agréable note parfumée, mais peuvent rapidement être désagréables au goût s'ils sont mal dosés, voire détourner ou masquer la saveur des aliments cuisinés. La cardamome à l'arôme poivré et citronné, utilisée en poudre, aura une saveur très différente de ses graines au parfum plus intense : une cuillère à café de sa poudre correspond aux graines extraites de trois gousses.

Attention toutefois à certaines associations qui peuvent anéantir complètement l'effet recherché. Cumin, carvi, anis vert, nigelle se marient bien, mais anis vert et badiane se contrarient, ainsi que l'ail et l'échalote. Pour la nigelle, c'est une sublime épice, mais qui perd beaucoup de ses qualités lorsqu'elle est associée avec les poivres.

Excellents conservateurs, les épices ne tuent pas la saveur première des aliments : usez-en dans vos produits frais.

Comment choisir telle épice plutôt que telle autre, et réussir le goût parfait ? Il n'y a pas de règle absolue ; tous les goûts étant dans la nature, seul le bon sens sera juge, sans omettre qu'olfactif, gustatif et émotions sont intimement liés : c'est de leur mariage que vont naître notre alchimie personnelle, notre inventivité et appétence, nos envies comme notre plaisir à déguster.

Privilégiez toujours, dans la mesure du possible, un aromate frais plutôt que séché ; des épices entières (graines, racines, bulbes…) plutôt qu'en poudre : cela ne vous empêche de les moudre au moment de les utiliser. Les épices indiennes sont de très belle qualité : elles sont douces, puissantes et fines.

Les épices viennent aiguiser l'appétit, relever les aliments. Elles nous apportent les saveurs nécessaires pour l'équilibre de notre organisme. Consommer un peu de chacune d'elles au quotidien augmente le bien-être, aide le métabolisme dans sa phase digestive, soutient le feu interne, permettant ainsi une meilleure élimination naturelle, sans que notre corps se trouve saturé de déchets. Épices et aromates sont une merveille de délicatesse, il faut savoir en user avec finesse. Certaines viennent atténuer, d'autres renforcer les parfums et substances nutritives des aliments. Utilisées en complément des huiles essentielles, elles confortent leurs propriétés thérapeutiques, tout en donnant une sapience très personnelle à vos plats. Cela sent bon, c'est agréable au palais, cela consolide les défenses naturelles du corps, cela réveille notre énergie et procure de bien jolis plaisirs de table.

À votre tour, expérimentez, goûtez, essayez, explorez vos saveurs, soyez inventif. Cela se révèle vite un véritable régal et un vrai plaisir pour l'âme et le corps.

Leçon 7

La main légère…

Les règles de dosage sont simples, elles se résument à ceci : avoir la main légère… Les épices se travaillent en finesse, à petit grammage, souvent la pointe d'un couteau ou 1/2 cuillère à café peut suffire.

- Les pâtes d'épices comportant de l'huile servent à huiler l'ustensile de cuisson.
- Les graines sont à griller à sec 30 secondes en début de cuisson.
- Les piments s'épépinent ou non, suivant le goût de chacun à supporter leur feu. Notez qu'en Asie on n'épépine pas les piments (on ne croque pas le piment, on l'avale directement !)…
- La poudre s'incorpore en milieu de cuisson.
- Les feuilles fraîches, très fragiles, se rajoutent en fin de cuisson (les cuire détruit tous leurs principes thérapeutiques) ; la noix de muscade se râpe sur les mets au moment de servir.

Le plus laborieux est de trouver l'accord parfait entre les épices car elles peuvent se contredire en saveur, s'opposer en qualité (digestive) et en énergie (chaude ou froide).

Les épices sont en général d'énergie chaude, sauf les graines et les feuilles de coriandre et de fenouil, l'aneth, la ciboulette, la menthe, la mélisse, le safran et le tamarin qui sont d'énergie froide.

Pour que les épices conservent qualités et saveurs, il est conseillé de les préparer au moment de les utiliser. Seule la pâte peut être prête à l'avance.

Préparation traditionnelle

Prendre la plante fraîche, la découper finement puis la presser dans un torchon blanc et fin. Cela concerne principalement l'ail, l'aneth, le basilic, le céleri en branches, l'estragon, le gingembre, l'oignon, le persil.

Préparation au mortier

Cette préparation s'adresse à l'ail, l'aneth, le basilic, la carotte, le céleri, l'estragon, le gingembre, la livèche, l'oignon, le persil. Vous pouvez aussi les écraser au marteau de bois ou au presse-purée manuel.

Préparation en pâte

Idéale pour accommoder les mélanges, la pâte se prépare à l'avance et présente l'avantage de pouvoir se conserver au frais plusieurs semaines. Si elle peut se consommer tout de suite, elle sera meilleure après quelques jours de macération.

Leçon 8
Ultimes recommandations

« Mâchez et digérez (tout ce qui vous arrive), exactement comme (si c'était de) la nourriture. Si vous avalez sans mâcher, pouvez-vous digérer ? Non. Alors, mâchez et digérez et vous l'assimilerez[1]. »

Toutes les saveurs doivent être absorbées par l'organisme en un savant et subtil équilibre de goût. Nous devons manger de tout, mais en quantité modérée, c'est-à-dire en fonction de notre appétit réel et de nos besoins véritables. Le juste équilibre est recherché, mais, pour cela, il n'est pas nécessaire de pratiquer une ascèse ni d'emmener avec vous votre balance… notre corps est un excellent régulateur naturel, il suffit de se mettre à son écoute. Commencez par écouter ce que vous suggère votre goût avant de peser, soupeser, hésiter, refuser… gardez votre spontanéité. Manger est un authentique plaisir, ce n'est ni un tourment ni un gage.

Manger ensemble, c'est entrer en relation, en amitié gourmande, partager le bonheur d'être l'un avec l'autre. Se nourrir est Bien Être, une joie de vivre ; cuisiner, mitonner des petits plats est une fête ; essayer des recettes, en inventer, composer les goûts, rehausser les saveurs. C'est

1. Swâmi Prajnânpad, *ABC d'une sagesse*, La Table ronde, 1998.

une expérience irremplaçable. Le goût est ce qui plaît au palais, ce qui nous touche intimement : c'est personnel, subjectif, sans recul aucun, totalement démesuré.

La gourmandise est une aventure extraordinaire, chaque saveur un effleurement, un affleurement, une caresse sensuelle ; partager des saveurs est un lien d'affection indéfectible. Soyez gourmand sans remords, oubliez calories, régime, savourez la vie : manger, c'est avoir la vie en soi, c'est accepter d'avoir une faim d'amour, une faim de vie.

Partager un mets, une douceur, un repas avec un(e) ami(e) est toujours un moment privilégié, unique, un rapprochement délicat, une connivence, une complicité. Ne gâchez pas ces moments précieux... Osez perdre votre temps en prenant le temps de savourer un instant gourmet. Vous gagnerez en souvenir parfumé et indélébile. Ne vous inquiétez pas, cela ne tache ni les doigts, ni le cœur. Au contraire, vous aurez en vous la promesse gourmande d'un prochain rendez-vous aromatique.

Lettre V

Mon cahier de recettes

« Pas d'ascétisme, pas de restriction... Pourquoi vous limiter, vous empêcher, vous estropier, vous paralyser ? Vous devez être sain, entier et complet... Le chemin c'est de goûter les fruits de la vie. »

Swâmi Prajnânpad, *ABC d'une sagesse.*

23 novembre, Quilon.

Associer judicieusement les saveurs, éviter le « mauvais » goût, parvenir à l'assemblage parfait est le défi de l'art culinaire, et l'Inde s'est montrée audacieuse. Si on peut penser sans méprise qu'il y a une gastronomie indienne haute en couleur et en parfum, il n'existe pas de diététique âyurvédique à proprement parler ni de cuisine végétarienne, ce qui peut sembler pour le moins étonnant. Bien que les nourritures, l'attention portée au fait de bien s'alimenter, soient très longuement évoquées dans le corpus de l'Âyurveda, celle-ci n'a jamais développé de « recettes » ni de corpus culinaire :

« Pour s'en convaincre, il suffit de lire la CharakaSamhitâ. Le lecteur y découvrira vite que le végétarisme, qui n'est pas à mépriser, tout comme l'abstinence de boissons alcoolisées, sont des préjugés obéissant à des tabous, inventés et soigneusement entretenus par les religieux d'obédience vishnouite et les Occidentaux qui conservent de l'Inde l'idée infantile que les tigres y mangent de l'herbe et que tous ses habitants sont des mystiques, des sages-yogis ou des non-violents[1]. »

1. Jean Papin, introduction, *Caraka samhitâ, traité fondamental de la médecine âyurvédique. Volume 2 - Les thérapeutiques*, Almora, 2009.

Les règles alimentaires citées dans la CharakaSamhitâ sont donc essentiellement des conseils de soin s'adressant à des personnes malades :

> « Les préparations culinaires, végétariennes ou non, sont donc "personnalisées" et à unique visée thérapeutique, préventive, curative, pour maintenir la bonne santé, améliorer certaines déficiences, acquérir la longévité ou simplement potentialiser l'effet des remèdes[1]. »

On peut toutefois s'en inspirer pour se nourrir de façon appropriée car l'Âyurveda est riche d'enseignements pour s'alimenter le plus sainement possible, connaître les aliments convenant le mieux et les mieux adaptés à chacun. À chacun donc d'y puiser ce qui lui est nécessaire, ce qui se révèle le plus avisé pour sa constitution, l'entretenir comme l'équilibrer. L'Âyurveda nous pense suffisamment emplis de bon sens et tout à fait aptes à comprendre que bien manger, suivre une diététique saine est le fer de lance de notre santé et de notre bien-être.

Je vous avais promis de vous donner des recettes indiennes originales. Je vous propose donc quelques-unes de mes créations personnelles, d'autres typiques de la côte des Épices, joliment nommée le Jardin des Délices, extraites de mes carnets. J'ai découvert et appris la cuisine auprès d'un ami, Karunakaran, maître de Kathakali et excellent cuisinier. Originaire du Kerala, il m'a initiée aux saveurs relevées de son pays et à jouer avec les épices tout en accommodant simplement les plats.

Les recettes proposées sont pour certaines typiquement indiennes ; pour d'autres, ce sont mes propres recettes (elles sont indiquées d'un astérisque*) inspirées de l'Inde et adaptées à nos produits français.

Simplicité et légèreté, tout en doigté et en douceur, c'est là le secret des saveurs. Les dosages se donnent en « pincées », non en grammes. Les épices agrémentent inconditionnellement mets et sauces, et la proportion employée est propre à chaque palais. La cuisine indienne laisse totale liberté en la matière, à chacun de trouver sa « saveur ».

Je souhaite qu'elles vous donnent l'envie de découvrir le plaisir des épices, d'aller quérir de nouvelles saveurs comme de réaliser vos propres compositions gourmandes.

1. Jean Papin, opus cit.

Les grands mélanges indiens

Les mélanges sont très intéressants pour composer des plats originaux, où les saveurs éclatent à votre palais. Réputés pour rehausser agréablement les mets, dénommés « currys » par les Occidentaux, appelés Kari en Inde, ces assemblages d'épices sont spécifiques à chaque cuisinier qui a souvent à sa disposition une bonne vingtaine (voire davantage) d'ingrédients qu'il associe selon son goût et les aliments choisis.

Chaque famille indienne a ses propres mélanges (mâsâlâ), tout étant une question de goût et de tradition culinaire régionale. C'est pourquoi ils peuvent connaître de nombreuses variations. N'hésitez pas à créer le vôtre.

Le gâram mâsâlâ

Le gâram mâsâlâ est un mélange d'épices moulues (poivre noir, cumin, cannelle, clou de girofle, noix muscade, graines de coriandre) très utilisé dans la cuisine indienne. Il existe quelques variantes selon les régions.

Ingrédients : une pincée de graines de coriandre, de cumin, de cardamome et de poivre noir, 1 bâton pilé de cannelle, quelques clous de girofle et 1 pincée de noix de muscade râpée.

Préparation : faire griller à sec dans une poêle la coriandre et le cumin. Ouvrir les capsules de la cardamome pour en extraire les graines brun foncé. Écraser l'ensemble des épices au mortier, bien mélanger.

Conservation : dans un bocal en verre à l'abri de la lumière.

Le curry jaune

Il varie selon les régions et les familles. Il y en a des doux et des forts, cela dépend des habitudes. Vous pouvez tout aussi bien inventer le vôtre.

Ingrédients : 1 bâton de cannelle, 1 cuillère à soupe de chaque ingrédient suivant : curcuma, clous de girofle, poivre noir, graines de cumin, graines de cardamome, graines de coriandre, graines de fenouil et 8 feuilles de curry.

Préparation : piler l'ensemble des épices dans un mortier. Les faire revenir 30 secondes à sec dans une poêle, laisser refroidir. Mettre dans un bocal en verre.

Conservation : au moins 6 six moins, à température constante, dans un bocal en verre à l'abri de la lumière.

Éventuellement, on pourra ajouter de la noix de muscade râpée, de la noix de coco râpée, un oignon et un peu d'ail émincés, rapidement dorés à la poêle, et incorporés froids dans le mélange.

Le curry rouge (tandoori)

Le tandoori prend son origine dans le mode de cuisson « tandoor » désignant un four en terre cuite. C'est devenu depuis le nom d'un mélange d'épices agréable, qui s'étend de la saveur douce à la très épicée, à saupoudrer sur vos aliments, ou à utiliser en marinade avec les viandes à griller ou à rôtir au four. Là aussi, les ingrédients changent selon les régions indiennes et les coutumes alimentaires. Je vous indique la base, que vous pouvez modifier selon votre saveur.

Ingrédients : une belle pincée des ingrédients suivants : graines coriandre, fenouil (ou fenugrec), cannelle, cumin, graines de poivre, un oignon, gingembre, ail, feuilles de laurier, piments rouges, curcuma, céleri, clous de girofle, muscade, huile de citron.

Préparation : dorer tous les ingrédients dans l'huile de citron sauf le curcuma, les clous de girofle, le céleri et la muscade qui seront ajoutés au dernier moment. Laisser refroidir, piler au mortier et verser dans un bocal en verre.

Conservation : au frais, dans un bocal en verre.

Chutneys, pickles

Les chutneys

Les chutneys sont une spécialité indienne oscillant entre le condiment et la confiture, qui accompagnent tous les plats. Voici la base que vous pouvez adapter selon vos envies.

Ingrédients : une pincée de chaque ingrédient : gingembre frais râpé, ail, raisins secs, piment rouge frais, graines de fenouils, sucre roux, vinaigre de qualité.

Préparation : piler ou mixer ensemble, le gingembre, l'ail, les raisins secs, le piment rouge et les graines de fenouil. Faire fondre le sucre roux dans le vinaigre jusqu'à l'obtention d'un sirop. Mélanger le tout et mettre en pot de verre.

Conservation : au frais.

Chutney d'ananas aux épices *

Le chutney d'ananas accompagne aisément le salé et le sucré car il rehausse les saveurs des poissons, des crustacés (crevettes, gambas) comme des fruits de mer (noix de saint Jacques) sans les étouffer.

Ingrédients : 250 g d'ananas, 50 g de raisin frais, 50 g d'abricot, 15 cl de vinaigre de riz, 1/2 cuillère à café de graines de moutarde noire, 1/2 cuillère à café de cannelle, 1 pointe de gingembre, une dizaine de graines de nigelle, 1/2 cuillère à café de curcuma, une pincée de piment en poudre, 2 cuillères à soupe de miel liquide, 1/2 jus de citron vert, le zeste d'un citron vert.

Préparation : éplucher et découper en petits morceaux l'ananas. Émincer les raisins et les abricots. Dans une casserole, faire chauffer le vinaigre, toutes les épices et le miel. Après réduction, ajouter l'ananas, les raisins et les abricots. Laisser mijoter à feu doux environ 1 heure, en remuant de temps en temps. Verser dans un pot en verre, laisser macérer 28 jours avant d'utiliser le chutney.

Chutney de citron vert et piment

C'est un chutney habituel à travers l'Inde, plus ou moins relevé selon les régions et dont il existe de nombreuses variantes.

Ingrédients : 10 citrons verts, 50 cl de vinaigre de riz, 450 g de sucre de canne, 2 ½ cuillères de sel, 2 cuillères à soupe de poivre de Cayenne et 2 piments oiseau verts, ½ cuillère à café de poudre de curcuma et 3 rondelles de curcuma frais, 1 cuillère à soupe de graines de fenouil, 5 gousses d'ail.

Préparation : Presser le jus de 4 citrons verts, réserver. Émincer les 6 citrons restants avec leur peau. Les mettre dans un saladier, ajouter le jus de citron et le sel. Couvrir et laisser macérer une nuit à température ambiante. Dans une poêle, faire griller à sec les graines de fenouil puis les moudre. Mettre la poudre obtenue dans un bol avec tous les autres ingrédients, couvrir et laisser reposer également une nuit.

Le lendemain, dans une casserole ou un wok, faire cuire les citrons avec le macérât d'épices tout en mélangeant avec une cuillère en bois jusqu'à l'épaississement de la préparation. Verser le mélange encore chaud dans des bocaux en verre et fermer.

Chutney de mangue

Ingrédients : 1 kg de mangues pas trop mûres, 1 oignon et 1 gousse d'ail finement hachée, 1 morceau de gingembre frais, et 1 cuillère à café de gingembre moulu, 150 ml de vinaigre de riz, 150 ml d'eau, 250 g de sucre roux.

Préparation : peler les mangues, découper la chair en petits dés. Dans une casserole, mélanger tous les ingrédients, puis porter à ébullition. Faire cuire à feu doux environ 3/4 d'heure ; verser le chutney immédiatement dans des bocaux.

Conservation : environ 4 mois au frais.

Chutney de tamarin *

Ingrédients : 100 g de tamarin (le fruit), 1 pincée de curcuma, 1 pincée de nigelle, quelques graines d'anis vert, 3 cuillères à soupe de sucre de canne, 1 cuillère à soupe de vinaigre de miel ou de cidre, quelques graines de moutarde noire, 1 cuillère à soupe d'huile de pépins de raisin.

Préparation : laver le tamarin et le faire tremper dans de l'eau chaude environ 1/2 heure. Écraser à la fourchette pour le réduire en pulpe. Dans une casserole, faire chauffer à sec les épices, sauf les graines de moutarde, quelques instants, puis ajouter le sucre, le vinaigre et la pulpe de tamarin. Faire mijoter une dizaine de minutes. Réserver. Dans une poêle, mettre les graines de moutarde dans l'huile très chaude. Dès que les graines crépitent, arrêter la cuisson et y verser immédiatement le mélange tamarin-épices. Bien mélanger. Mettre en bocal.

Les pickles

Autre spécialité de l'Inde, les pickles sont des condiments *sweet* (doux) ou *hot* (relevé), à base de fruits, de légumes et d'épices, qui accompagnent agréablement tous les plats, au même titre que la moutarde ou nos sauces froides.

Ils sont composés d'huile végétale, de fruits, de légumes et d'épices. Vous pouvez varier cette base en fonction des ingrédients qui vous plaisent.

Les quantités varient selon la préparation et le goût de chacun.

Ingrédients : les fruits au choix : citrons, mangues, tamarin, bananes, abricots..., les légumes au choix : courgettes, choux-fleurs..., les épices au choix : piments oiseau rouge ou vert, graines de moutarde, de nigelle, de fenouil ou de coriandre, curcuma, gingembre...

Préparation : couper les fruits en morceaux, retirer le noyau selon le fruit choisi et garder la peau, sauf pour la banane. Faire revenir les piments dans un peu d'huile. Dans une poêle à part, griller à sec les épices en graines, les piler avec les piments. Frire dans un fond d'huile la moutarde et le gingembre. Baisser le feu, ajouter les morceaux de fruits et le curcuma. Couvrir, cuire environ 30 minutes. Laisser refroidir. Ajouter les épices grillées, mélanger et mettre en bocal.

Conservation : au frais.

Pickles d'aubergines

Ingrédients, pour un grand bocal : 2 belles aubergines, 1 citron vert, 4 gousses d'ail, 1 morceau (selon le goût de chacun) de gingembre frais, 100 g de miel liquide, 5 cl d'huile de sésame, 25 cl d'huile de pépins de raisin, 6 piments oiseau rouges, 4 feuilles de laurier, 1 cuillère à café de curcuma en poudre, 2 cuillères à café de graines de moutarde, 1 cuillère à café de graines de cumin, 1 pincée de sel.

Préparation : laver rapidement les aubergines, les essuyer puis les découper en cubes. Les faire dorer dans un mélange d'huile de sésame et de pépins de raisin, en remuant bien, puis les sortir de l'huile avec une écumoire pour les faire s'égoutter sur du papier absorbant. Émincer l'ail, râper le gingembre, découper les piments en rondelles et le citron en petits morceaux. Verser l'ail et le gingembre dans l'huile chaude, les cuire 2 minutes en remuant, puis ajouter les piments, les feuilles de laurier concassées, le curcuma et le citron. Dans une poêle à part, faire griller vivement les graines de moutarde et de cumin avant de les mélanger dans la préparation aux épices. Hors du feu, verser le miel, puis incorporer délicatement les aubergines. Laisser refroidir à température ambiante. Verser dans un bocal, laisser macérer un mois au frais avant d'utiliser les pickles.

Coulis et crèmes

Coulis de mûres aux épices *

Ingrédients : 1 bol de mûres sauvages, 2 étoiles de badiane, 1 cuillère à café de cannelle en poudre, 5 baies de genièvre, 1 pincée de baies roses réduites en poudre, 2 tasses de sucre roux et cristal mélangés, 2 tasses d'eau.

Préparation : dans une casserole, verser tous les ingrédients et mener à ébullition. Cuire 10 minutes environ. Laisser reposer 1 heure puis mixer après avoir retiré les étoiles de badiane qui doivent rester entières. Mettre en bocal.

Crème à la coriandre *

Ingrédients : 1 yaourt, 1 cuillère à soupe de crème fraîche, 1 cuillère à café de moutarde, le jus d'1/2 citron, 2 gouttes de Tabasco ou d'une sauce au piment, 1 rondelle de pain de mie, du sel, du poivre, 1 cuillère à café de graines de coriandre concassées.

Préparation : passer tous les ingrédients au mixer, sauf les graines de coriandre, afin d'obtenir une belle sauce lisse et onctueuse. Puis, saupoudrer de graines de coriandre. À consommer immédiatement.

Conseil : cette crème accompagne agréablement les légumes crus détaillés en bâtonnets : chou-fleur, radis, concombre, carotte, champignon ou autres.

Émulsion d'avocat *

Ingrédients : 1 avocat bien mûr, le jus d'un citron vert, une gousse d'ail, 1 cuillère à soupe de crème liquide, quelques graines de nigelle, une pincée de cardamome en poudre, 1 piment rouge, 1 cuillère à café de sauce de soja.

Préparation : émincer l'ail. Ouvrir l'avocat, retirer la chair, la mixer avec le jus du citron, la crème, l'ail, la cardamome et la nigelle jusqu'à obtention d'un mélange onctueux. Incorporer le piment découpé en rondelles et la sauce de soja. Fouetter à la main. Servir en accompagnement avec les salades et les viandes grillées.

Marinades et sauces

Marinade de concombre

Originaire du Kerala, elle se déguste très frais, mais peut aussi se servir comme mise en bouche, ou en accompagnement d'un plat très épicé.

Ingrédients : 1 concombre, 1 oignon blanc, 1 cuillère à café de miel liquide ou de sucre, 2 cuillères à soupe de jus de citron vert, 1 zeste de citron vert, 1 cuillère à café de gingembre.

Préparation : éplucher le concombre et le couper en petits dés. Émincer l'oignon très finement. Verser dans un caquelon le concombre et l'oignon. Incorporer tous les autres ingrédients, bien mélanger. Laisser reposer 1 heure pour permettre au concombre d'exprimer son jus dans la préparation puis remuer de nouveau. La marinade est prête.

Marinade pour viandes *

Ingrédients : 1/2 piment vert et 1/2 piment rouge (piment oiseau), 1 gousse d'ail et 1 oignon, 2 clous de girofle, 2 cuillères à café de basilic émincé, 1 feuille de combava (citronnier), le jus d'un citron vert, 1 cuillère à soupe de vinaigre de miel, un peu de sauce de soja ou de sauce de poisson (facultatif).

Préparation : émincer la gousse d'ail et l'oignon. Les mettre dans un saladier avec les clous de girofle, le basilic, la feuille de combava, le jus de citron et le vinaigre de miel. Couper les 2 piments en lanières fines et les ajouter à la marinade. Bien mélanger. Ajouter un peu d'eau, la sauce de soja ou la sauce de poisson, selon votre goût. Puis faire macérer la viande choisie dans la marinade une heure environ.

Conseil : cette marinade est idéale pour les viandes et les brochettes grillées.

Sauce au gingembre *

Ingrédients, pour deux personnes : une pincée de maïzena, 30 ml d'eau, 1 cuillère à soupe de sauce au soja, une gousse d'ail émincée, un jus de citron, une pincée de gingembre en poudre, 1 cuillère à café de graines de sésame.

Préparation : délayer la maïzena dans l'eau et la sauce au soja. Émulsionner avec un fouet à main. Faire revenir l'ail émincé dans un peu d'huile avec le gingembre. Lorsque l'ail est doré, y ajouter le mélange maïzena - sauce de soja. Faire épaissir puis ajouter le jus de citron et les graines de sésame. Réserver au frais 1/2 heure avant de servir.

Entrées, accompagnements et soupes

Achards de gingembre

Âdrakh achar

Ingrédients : 300 g de gingembre frais finement émincé, 2 échalotes et 5 gousses d'ail hachées, 1 pincée de curcuma et de cardamome en poudre, 1 cuillère à café de poivre noir moulu, 1 cuillère à café de curry jaune, 1 verre d'eau de source ou filtrée ; selon votre goût, 1 piment oiseau émincé.

Préparation : Dans une poêle, faire revenir dans un peu d'huile les échalotes, l'ail et le gingembre pendant 10 minutes environ, en remuant. Puis incorporer toutes les épices et l'eau, bien mélanger et couvrir, laisser mijoter 10 minutes ; ensuite, faire réduire le tout durant 10 minutes sans cesser de remuer. Laisser reposer puis mixer grossièrement l'ensemble. Mettre en bocal.

Conservation : au frais, les achards se conservent un mois, voire plus.

Conseil : ces achards accompagnent les viandes tandoori, les lentilles ou encore les currys de poulet ou de poisson.

Carottes au miel, au gingembre et à la mélisse *

Ingrédients : quelques petites carottes tendres, 2 cuillères à soupe de miel, 1/2 cuillère à café de gingembre en poudre ou 1/4 de gingembre frais râpé, 2 cuillères à café de feuilles de mélisse fraîches hachées finement.

Préparation : faire cuire à la vapeur les carottes. Lorsqu'elles sont tendres, les disposer dans une casserole, ajouter le miel et le gingembre. Faire mijoter quelques minutes puis, en fin de cuisson, ajouter les feuilles de mélisse en remuant doucement. Servir soit en accompagnement d'une viande ou d'un poisson, soit en amuse-gueule pour l'apéritif.

Chips de papaye au curry *

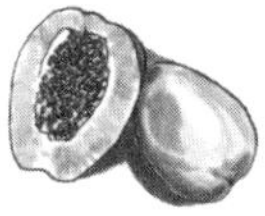

Ingrédients : 1 papaye verte, 1 pincée de nigelle en poudre, 1 pincée de curry.

Préparation : éplucher la papaye et la découper en fines rondelles. Dans une assiette plate, mélanger la nigelle et le curry. Rouler les tranches de papaye dans le mélange d'épices, les déposer dans un plat et les laisser s'imprégner 2 heures.

Plonger les rondelles de papaye dans une friteuse, les faire dorer légèrement puis les déposer sur un papier absorbant. Les laisser bien s'égoutter avant de servir.

Conseil : les chips de papaye peuvent se consommer soit à l'apéritif, soit en accompagnement avec de l'agneau rôti en robe d'épices, toute viande en sauce ou avec des poissons cuits en papillote.

Mangue verte en salade *

Ingrédients, pour 4 personnes : 2 belles mangues vertes, 1 concombre, 3 gousses d'ail, 3 oignons, 150 g de cacahuètes ou de pistaches (non salées), 50 g de sucre de canne, 1 citron vert, 1 cuillère à soupe de sauce de soja, 10 g de pâte de tamarin, 4 piments oiseau rouges, 3 cuillères à soupe d'eau, du poivre.

Préparation : pelez les mangues et le concombre, les découper en fines lamelles. Égoutter et réserver. Couper l'ail en menus morceaux et émincer les oignons. Faire revenir l'ail et les oignons dans un peu d'huile. Réserver.

Concasser les cacahuètes ou les pistaches. Découper les piments en petites rondelles.

Dans un bol, mélanger à l'aide d'un fouet à main le sucre, la pâte de tamarin avec 3 cuillères à soupe d'eau. Émulsionner puis ajouter le jus du citron vert, les piments, la sauce de soja et le poivre. Bien fouetter.

Dans un saladier, disposer les mangues et le concombre, puis incorporer l'ail et les oignons ainsi que la sauce, mélanger. Au moment de servir, répartir sur le dessus les bris de cacahuètes ou de pistaches.

Raïta

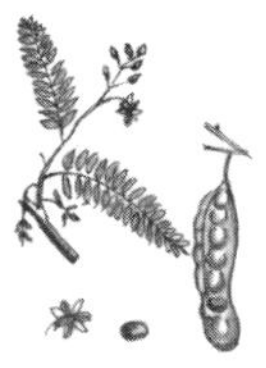

Le raïta est à la fois un accompagnement traditionnel s'alliant parfaitement avec les mets cuisinés au four (*tandoor*) et une entrée très rafraîchissante. Très simple de préparation, il vient adoucir le feu des épices.

Ingrédients, pour une personne : 1/2 concombre, 1 yaourt acidulé (yaourt bulgare par exemple), 1/2 gousse d'ail, 1 pincée de fleur de sel, quelques feuilles de menthe fraîche, 1 pincée de gingembre frais, 1 zeste de citron vert, jus d'1/2 citron ou 1/2 cuillère à café de jus de tamarin.

Variante selon les régions : la coriandre ou le cumin et la ciboulette remplacent le gingembre et la menthe.

Préparation : Peler le concombre puis le râper. Le laisser dégorger son eau 1/2 heure ; vider le jus rejeté. Émincer l'ail, râper le gingembre et ciseler la menthe et le zeste du citron. Dans un bol, verser le yaourt et le fouetter vivement afin de l'émulsionner, rajouter ensuite tous les ingrédients et incorporer le concombre au dernier moment. À consommer dans la journée.

Soupe au citron et à l'émincé d'agneau *

Ingrédients, pour 2 personnes : 2 filets d'agneau dans le gigot, 1 litre de bouillon de volaille ou de légumes selon votre goût, 2 citrons verts et 2 zestes de citron jaune, 1 petite carotte, 1/4 de céleri en branches et 1/4 de fenouil, une belle pincée de coriandre fraîche ou de basilic, une cuillère à café de poivre noir et vert en grains, une pincée de piment en poudre, une pincée de graines de cumin, une pincée de carvi.

Préparation : émincer l'agneau. Dans une assiette, mélanger le piment, le cumin, le carvi et les zestes de citron. Rouler les morceaux d'agneau dans ce mélange. Dans une grande casserole ou une cocotte en fonte, porter à ébullition le bouillon de volaille. Pendant ce temps, découper les carottes, le céleri et le fenouil en petits morceaux. Verser les légumes dans le bouillon, couvrir et laisser mijoter 30 minutes à feu moyen. Découper les citrons verts en dés, les ajouter au bouillon avec l'agneau et le poivre noir et vert. Laisser cuire encore une trentaine de minutes, à demi-couvert. Au moment de servir, ajouter la coriandre fraîche dans la soupe.

Soupe froide de pastèque au basilic *

Ingrédients, pour 2 personnes : 500 g de pulpe de pastèque, 1/2 concombre, 1/4 de papaye verte, 1 jus de citron vert, le zeste d'un citron, 5 cl de Baumes de Venise ou de Pineau blanc charentais, quelques feuilles de basilic mélangées, celui à petites feuilles avec celui à grandes feuilles et du basilic rouge, 1 cuillère à soupe de sirop de canne.

Préparation : éplucher la pastèque, retirer les pépins, découper la chair en petits dés et la mixer avec le jus du citron, le sirop de canne, la moitié des feuilles de basilic et le muscat. Verser dans un saladier. Éplucher la papaye et le concombre, les émincer très finement. Mélanger tous les ingrédients dans le saladier, couvrir et laisser reposer au frais 3 heures. Au moment de servir : répartir la soupe dans 2 assiettes creuses, saupoudrer avec le zeste de citron, et décorer avec les feuilles de basilic restantes.

Conseil : cette soupe accompagne très bien tous les crustacés, les fruits de mer, les poissons fumés et marinés, les naan ou encore les viandes grillées.

Soupe glacée au concombre et basilic *

Ingrédients, pour 4 assiettes : 2 concombres + ½ concombre, 1 verre de crème liquide, 1 verre de fromage blanc épais, 1 gousse d'ail, 1 bouquet de basilic, 1 pincée de sel.

Préparation : éplucher les concombres, les découper en dés, en réserver 1/2 pour la présentation. Émincer l'ail finement. Dans un saladier, mixer 2 concombres avec la crème, l'ail et le sel. Mettre au frais pendant une heure. Au moment de servir, ajouter le fromage blanc en fouettant doucement et incorporer les dés du demi-concombre restant. Verser dans les assiettes et saupoudrer de feuilles de basilic hachées.

Velouté de melon *

Un velouté surprenant mais excellent. Vous pouvez remplacer le melon par de la pastèque et ajouter au dernier moment quelques crevettes revenues à sec dans une poêle.

Ingrédients, pour 4 personnes : 1 melon charentais, 1 oignon blanc, 1 rondelle de gingembre frais, 2 cuillères à soupe de cassonade, 50 cl de lait, 25 cl d'eau de source, 1 cuillère à soupe de crème de coco, 1 pincée de poivre noir, 1 pincée de graines de nigelle, le jus et le zeste d'1 citron vert.

Préparation : découper la rondelle de gingembre en lamelles fines, éplucher le melon, couper la pulpe en gros dés et la faire cuire dans un peu d'eau avec le gingembre et la crème de coco. Mixer. Émincer l'oignon, le faire revenir à sec dans un wok pour le faire dorer. Ajouter le jus de citron puis la cassonade et laisser caraméliser légèrement. Ajouter la crème de melon. Mélanger, verser peu à peu le lait et l'eau. Faire cuire à petits bouillons 10 minutes. Ajouter la nigelle et le poivre noir, mélanger. Laisser mijoter encore 10 minutes en remuant de temps en temps. Au moment de servir, ajouter le zeste de citron.

Légumes

Aubergines au yaourt

Baigan dahi

Ingrédients, pour 4 personnes : 4 petites aubergines, 1 cuillère à soupe de farine de pois chiche, 1/2 cuillère à café de curcuma, 1/2 cuillère à café de gâram mâsâlâ, 1 cuillère à soupe de gingembre frais haché, 1 yaourt, 3 cuillères à soupe d'huile de sésame, 2 oignons.

Préparation : découper les aubergines en dés, les faire revenir dans un peu d'huile. Remuer afin qu'elles n'attachent pas, mouiller avec un peu d'eau si nécessaire. Laisser cuire jusqu'à ce qu'elles soient tendres. Retirer du feu et réserver.

Émincer les oignons et hacher le gingembre. Faire blondir les oignons dans l'huile de sésame, puis incorporer les aubergines et le gingembre.

Dans un bol, fouetter le yaourt avec la farine de pois chiche, ajouter le curcuma et le gâram mâsâlâ. Émulsionner et verser le tout sur les aubergines. Laisser mijoter 5 à 10 minutes.

Betteraves aux épices

Kashmiri chukander

Ingrédients : 4 petites betteraves crues, 4 tomates grappe, 1 cuillère à café de poudre de gingembre, 1 cuillère à café de gingembre frais râpé, 1/2 cuillère à café de curcuma, 1 pincée d'assa-foetida, 1 cuillère à café de poudre de coriandre, 1/2 cuillère à café de piment oiseau en poudre, le jus d'1/2 citron vert, quelques feuilles de coriandre fraîche, un peu d'huile, un peu d'eau.

Préparation : éplucher et découper les betteraves en cubes, émincer les tomates, râper le gingembre. Faire chauffer un peu d'huile dans une sauteuse ou un wok, faire revenir quelques minutes les betteraves et le curcuma, puis arroser avec un peu d'eau. Cuire 5 minutes en remuant et en rajoutant une cuillère à soupe d'eau. Ajouter les tomates, la poudre de coriandre et de piment et le gingembre râpé. Mouiller avec de l'eau si nécessaire. Faire cuire jusqu'à ce que les tomates soient réduites en purée. Remettre 1/2 verre d'eau, couvrir, laisser mijoter 5 minutes. Puis verser le jus de citron, laisser réduire quelques minutes. Servir chaud et décorer avec les feuilles de coriandre fraîche.

Curry de courge *

Ce curry de courge accompagne très bien l'agneau, le veau, le poulet et les poissons à chair blanche.

Ingrédients : 1 kg de courges, 800 g de pommes de terre (type Charlotte ou Amandine), 1 gros oignon blanc, 2 cuillères à soupe de curry, 1 cuillère à café de mélange en poudre piment/citron, 1 cuillère à café de pâte gingembre/citron, 1/2 jus de citron vert, 3 tomates de jardin, un verre de bouillon, 1 yaourt ou 1 verre de lait de coco.

Préparation : éplucher les courges et les pommes de terre, les couper en petits dés. Découper les tomates en petits morceaux. Émincer l'oignon. Faire chauffer à blanc une casserole, y cuire l'oignon à feu vif en remuant avec une cuillère en bois. Lorsque celui-ci a légèrement doré, ajouter la poudre de piment/citron afin d'enrober les morceaux d'oignon. Verser le jus de citron, bien mélanger. Baisser le feu. Ajouter les courges et les pommes de terre. Faire cuire 15 minutes, puis ajouter le bouillon, la pâte de gingembre/citron et les tomates. Faire réduire 5 minutes à feu vif. Ajouter le curry et le yaourt ou le lait de coco. Laisser cuire encore 5 minutes à feu vif, puis baisser le feu et couvrir. Laisser mijoter 1/4 d'heure. Servir avec un pain indien.

Curry de mangue *

Ingrédients : 2 mangues, 1 cuillère à café de crème de coco, 1 cuillère à café de sucre roux, 2 clous de girofle, 1 cuillère à café de curcuma, quelques feuilles de curry, 1 pincée de poudre de piment, 1 pincée de gingembre en poudre, 1 pincée de cumin, quelques graines de nigelle, 1 jus de citron vert, 1 yaourt, 1 cuillère à soupe d'eau, 2 tasses d'eau.

Préparation : éplucher et découper les mangues en petits morceaux. Mélanger la crème de coco, l'eau et le yaourt, bien fouetter pour émulsionner. Réserver. Dans une casserole, faire chauffer à sec quelques instants le piment, les feuilles de curry, le cumin, la nigelle. Ajouter le jus de citron, le gingembre et les clous de girofle, bien remuer. À feu doux, incorporer la préparation à base de crème de coco et le curcuma. Laisser frémir quelques instants avant d'y verser les dés de mangue, les 2 tasses d'eau et le sucre. Laisser mijoter 15 minutes. Servir chaud.

Gombos au curry vert

Bhindi mâsâlâ

Connu sous l'appellation « doigt de femme », le gombo est un petit légume vert à l'apparence de la courgette et de la forme d'un piment allongé, à la chair tendre et la saveur subtile.

Ingrédients : 500 g de gombos, 3 tomates, 2 gros oignons, 3 piments verts, 1 bâton de cannelle, 3 clous de girofle, 1 feuille de laurier, 1 cuillère à café d'ail, 1 cuillère à café de pâte de gingembre, 1 cuillère à café de poudre de piment rouge, 1 cuillère à café de curry vert ou de gâram mâsâlâ, quelques feuilles de coriandre fraîche, un peu d'huile.

Préparation : couper les tomates et les gombos en morceaux ; émincer les oignons et les piments verts. Dans une poêle, faire chauffer un peu d'huile, y faire revenir les gombos. Les égoutter et les poser sur du papier absorbant afin qu'ils rejettent l'excès d'huile. Réserver. Remettre à chauffer 3 cuillères à soupe d'huile, puis faire frire 30 secondes le bâton de cannelle, les clous de girofle et la feuille de laurier. Ajouter les piments verts et les oignons, faire blondir ces derniers. Incorporer l'ail et la pâte de gingembre, laisser revenir 1 minute. Ensuite, rajouter les tomates et la poudre de piment rouge. Couvrir, cuire en remuant quelques minutes. Quand les tomates sont tendres, ajouter les gombos en mélangeant délicatement. Terminer de cuire 2 minutes encore. Présenter dans un plat en parsemant la préparation de feuilles de coriandre fraîche. Servir instantanément.

Lentilles au curry vert

Dal Kabuli

Ingrédients : 250 g de lentilles brunes, 400 g de tomates concassées, 3 gousses d'ail, 1 cuillère à café de piment en poudre, 100 g de piment vert frais, 5 cuillères à café de graines de coriandre moulues et 20 g de feuilles de coriandre fraîche, le jus d'un citron vert, poivre, 1 morceau de gingembre frais, 2 cuillères à café de curry vert ou gâram mâsâlâ, 100 g de beurre fondu ou de ghee, 80 g de beurre frais.

Préparation : cuire les lentilles à l'eau, il faut qu'elles restent croquantes, les égoutter et réserver.

Écraser les gousses d'ail au mortier ou à la fourchette, moudre les graines de coriandre, émincer le gingembre, finir en l'écrasant légèrement, ciseler les piments frais. Faire chauffer à sec une sauteuse ou un wok, verser le beurre fondu, ajouter l'ail écrasé puis la poudre de piment et la coriandre moulue. Faire revenir l'ensemble quelques secondes et incorporer les tomates concassées. Lorsque se forment les premiers bouillons, ajouter les piments verts et le gingembre. Faire mijoter 10 minutes environ puis ajouter les lentilles et le beurre frais, laisser réduire. Ensuite, verser le gâram mâsâlâ et le jus de citron. Allonger la sauce avec un peu d'eau, laisser cuire 5 minutes. Une fois le plat dressé, ciseler les feuilles de coriandre fraîche.

Conseil : ce plat de lentilles se sert avec du riz et des chappatti.

Riz au citron vert

Ingrédients : 2 verres de riz basmati, 3 verres d'eau, 1 cuillère à café de curcuma, 1 verre de noix de coco râpée, 1/2 cuillère à café de graines de moutarde noire, 1 piment vert, 125 g de noix de cajou natures, le jus de 2 citrons verts, 2 cuillères à soupe de ghee ou d'huile, quelques feuilles de coriandre fraîche.

Préparation : faire tremper le riz dans un peu d'eau durant 30 minutes, le presser et l'égoutter. Faire cuire le riz avec les 3 verres d'eau (commencer la cuisson avec de l'eau froide). Laisser refroidir puis incorporer le jus de citron, le curcuma et la noix de coco.

Couper le piment en morceaux, écraser grossièrement les noix de cajou. Dans une poêle, mettre le ghee ou l'huile à chauffer, griller les graines de moutarde, les noix de cajou et le piment. Puis incorporer le riz en remuant. Bien mélanger. Servir en ciselant dessus des feuilles de coriandre.

Riz au curcuma *

Ce riz se sert en accompagnement de poissons blancs, de crustacés, de viandes grillées. Il peut aussi se manger tel quel, en ajoutant le jus d'un citron vert et une pointe de sauce de soja : action réconfortante et nettoyante (suite d'excès alimentaire, dans la gastro-entérite, lors de convalescence).

Ingrédients : 2 verres de riz basmati, 2 pincées de curcuma, 4 verres d'eau. Le temps de cuisson est d'environ 20 minutes.

Préparation : rincer le riz à l'eau froide, le laisser tremper 30 minutes. Jeter l'eau de trempage, puis mettre le riz dans une casserole, ajouter les 4 verres d'eau mélangés avec le curcuma. Faire cuire à feu fort jusqu'à ébullition. Couvrir à demi la casserole, réduire un peu le feu. Lorsque l'eau s'est pratiquement évaporée, baisser le feu, couvrir complètement, et laisser cuire jusqu'à ce que cela grésille. Éteindre. Laisser reposer 5 minutes, puis servir.

Riz aux pois cassés

Khicheri

Le khicheri est un plat unique où se mêlent riz et pois cassés jaunes, légumes et épices. Plat complet, il varie d'une famille à l'autre, et vous pouvez l'adapter à votre goût. Le choix des légumes et des épices dépend de chacun.

Ingrédients : 1 cuillère à café de ghee ou d'huile, 1 verre de riz, 1/2 verre de pois cassés jaunes, 1/2 cuillère de graines de cumin, de coriandre et de fenouil, 1/2 cuillère de curcuma, les légumes au choix sont : des aubergines, du maïs, des poivrons, du chou-fleur, des pommes de terre, des haricots verts, des courgettes..., 3 verres d'eau chaude.

Préparation : mélanger le riz et les pois cassés, les laver à l'eau froide. Dans une grande casserole, faire griller les graines à sec environ 1 minute, ajouter le ghee ou l'huile puis le curcuma ou les autres épices en poudre : la cardamome, le gingembre, la coriandre, le cumin, le carvi, l'anis vert..., puis le riz et les pois cassés. Bien remuer afin que tout se mélange bien. Ensuite, verser 3 verres d'eau chaude. Porter à ébullition, puis laisser mijoter 10 minutes en remuant de temps en temps. Découper en gros dés les légumes de votre choix et les incorporer dans la casserole. Cuire encore 10 minutes. Vérifier la cuisson en écrasant un grain de riz entre vos doigts. Le riz est cuit lorsqu'il se casse facilement. Servir accompagné de chappatti, de pickles ou d'un chutney.

Poissons et viandes

Biryani aux fruits de mer

Ingrédients, pour 4 personnes : 400 g de fruits de mer (des calamars, des moules, des pétoncles, des crevettes roses), 4 petits oignons, 3 gousses d'ail, 3 cuillères à soupe d'huile, 10 cl de lait de coco, 1 morceau de gingembre frais, 1 morceau de curcuma frais + 1 cuillère à café de curcuma en poudre, 1 cuillère à soupe de gâram mâsâlâ, 2 piments oiseau rouges, 1 bouillon de légumes, 50 cl d'eau, 2 verres de riz.

Préparation : dans une casserole, préparer le bouillon de légumes avec les 50 cl d'eau et le bouillon cube, réserver. Éplucher les oignons et l'ail, les émincer finement. Râper le morceau de gingembre. Laver le riz à eau claire, le faire égoutter. Découper le morceau de curcuma en fines rondelles. Dans une sauteuse, faire revenir les oignons, l'ail, le gingembre et les rondelles de curcuma dans un peu d'huile, faire blondir. Verser le riz avec la poudre de curcuma et le gâram mâsâlâ, mélanger et remuer durant 2 minutes, avant d'ajouter le lait de coco et les 50 cl de bouillon de légumes. Mener à ébullition, puis baisser le feu, et laisser l'eau s'évaporer en couvrant à demi ; la cuisson est d'environ 20 minutes. Émincer les piments. Dans une poêle, faire revenir vivement les fruits de mer avec les piments. Verser dans le riz, mélanger, servir aussitôt.

Crevettes en curry

Ingrédients, pour 4 personnes : 400 g de crevettes roses, 2 oignons, 6 gousses d'ail, 1 cuillère à soupe de gingembre frais, 1 cuillère à café de curcuma en poudre et un morceau de curcuma frais, 12 feuilles de curry (neem), 6 piments oiseau verts, 1 pincée de piment en poudre, 1 cuillère à soupe de farine de riz, 2 cuillères à soupe de noix de coco râpée, 1/2 litre de lait de coco,

1/2 jus de citron vert et un zeste, 1 cuillère à soupe de ghee ou d'huile, quelques feuilles de coriandre fraîche (facultatif).

Préparation : émincer les oignons et l'ail ; râper le gingembre, découper le morceau de curcuma en fines rondelles ainsi que les piments verts. Dans une sauteuse, faire revenir les oignons, l'ail, le curcuma dans l'huile. Puis incorporer la noix de coco râpée, la farine de riz et délayer avec un peu de lait de coco. Réserver le mélange.

Décortiquer les crevettes en conservant la queue, les fendre et retirer le boyau noir, les rincer à eau claire et les sécher. Puis, les faire revenir dans un peu d'huile, ajouter les feuilles de curry. Laisser cuire 2 à 3 minutes à feu vif, rajouter le mélange réservé ainsi que le restant des ingrédients : les poudres de curcuma et de piment, le citron et son zeste, bien mélanger avant d'incorporer le lait de coco. Porter à ébullition. Lorsque les crevettes se recroquevillent, le curry est prêt. Servir immédiatement accompagné de riz blanc. Éventuellement, décorer avec quelques feuilles de coriandre fraîche.

Poulet Biryani

Murgh biryani

Ingrédients, pour 4 personnes : 4 blancs de poulet, 2 oignons, 3 gousses d'ail, 2 tomates, 1 pomme de terre, 1 poivron vert, 1 poignée de raisins secs, 1 yaourt nature, 2 verres de riz basmati, 1 cuillère à café de curry, 1/2 cuillère à café de curcuma, 1 bâton de cannelle, 4 clous de girofle, des feuilles de coriandre fraîche, 1 verre d'eau, de l'huile ou du ghee.

Préparation : éplucher les oignons et l'ail, les émincer. Couper le bâton de cannelle en plusieurs morceaux. Couper les tomates en petits morceaux. Découper les autres légumes en dés sans les mélanger.

Faire tremper le riz dans de l'eau 1/2 heure puis égoutter. Faire cuire le riz dans 3 verres d'eau.

Préchauffer le four à th. 7 soit 200 °C.

Faire revenir les dés de pomme de terre dans un peu d'huile ou de ghee. Réserver.

Découper les blancs de poulet en morceaux. Dans une sauteuse, faire revenir le poulet dans un peu d'huile. Cuire 5 minutes en remuant de temps en temps. Ajouter l'ail, l'oignon, le poivron. Laisser dorer puis ajouter le curry et toutes les épices. Incorporer les tomates avec un verre d'eau, mélanger puis ajouter les raisins et le yaourt. Laisser mijoter à feu doux jusqu'à réduction de la sauce.

Dans une cocotte allant au four, mettre les dés de pomme de terre, verser la préparation au poulet dessus et recouvrir avec le riz. Couvrir, mettre au four et cuire 10 minutes. Retourner la cocotte sur un plat de service. Parsemez de feuilles de coriandre ciselées. Servir.

Poulet tikka

Murgh tikka

Ingrédients, pour 4 personnes : 4 blancs de poulet, 2 yaourts nature, 1 cuillère à soupe d'huile, 1 oignon, 2 gousses d'ail, 1 morceau de gingembre frais, 1 cuillère à café de gâram mâsâlâ, 1 cuillère à café de curcuma, 1 cuillère à café de cumin en poudre, 1 belle pincée de piment en poudre, du poivre.

Préparation : découper les blancs de poulet en morceaux. Émincer l'oignon, hacher l'ail et râper le gingembre. Dans un bol, mélanger les yaourts, l'oignon, l'ail, le gingembre, les épices, le poivre et l'huile. Fouetter jusqu'à obtention d'un mélange crémeux. Mettre les morceaux dans un plat allant au four, verser dessus la crème « tikka ». Couvrir et laisser macérer 3 heures au frais.

Préchauffer le four th. 8, soit 220 °C. Enfourner le plat, cuire 10 minutes en retournant les morceaux de poulet. Servir avec du riz basmati.

Desserts

Bananes au yaourt

Kela ka raïta

Ingrédients, par personne : une banane, un peu de jus de citron vert, 100 ml de yaourt, de la noix de coco râpée, une pincée de sel.

Variante : remplacer la noix de coco râpée par de la crème de lait de coco plus onctueuse.

Préparation : peler la banane et la couper en rondelles, puis l'arroser avec le jus de citron. Dans un bol, fouetter le yaourt avec le sel (et la crème de coco, si vous optez pour la variante), verser sur la banane, saupoudrer de noix de coco râpée ; mettre au frais environ une heure avant de servir.

Bananes confites au gingembre *

Ingrédients, par personne : une banane pas très mûre, une 1/2 cuillère à café de gingembre en poudre, du miel, un filet de citron vert, une 1/2 gousse de vanille, quelques baies de poivre blanc et noir, quelques litchis (ou, si vous avez : des fraises des bois, des framboises ou des cerises).

Préparation : couper la banane non épluchée en deux dans le sens de la longueur. La poser côté chair dans un plat à four. Verser dessus tous les ingrédients : le gingembre, le miel, le citron, la vanille et le poivre. Passer à four très chaud, pendant 25 à 30 minutes, la peau de la banane doit devenir noire. Au moment de servir, retourner la banane, puis dresser dans une assiette, ajouter les fruits en décoration.

Carpaccio d'oranges à la cannelle*

Ingrédients, pour deux personnes : trois oranges juteuses dont une pour le jus, une tasse de grains de raisins frais, une cuillère à café de cannelle en poudre, deux petits bâtons de cannelle, du miel liquide, le jus d'1/2 citron vert.

Préparation : peler deux oranges, les émincer très finement en tranches, presser le jus de la troisième. Les disposer dans un plat à four. Épépiner les raisins frais, les disposer ainsi que les deux bâtons de cannelle sur les oranges. Mélanger la cannelle en poudre, le miel, le jus de citron et le jus d'orange. Verser sur les oranges.

Mettre au four à th. 9, soit 220/230 °C, environ 1/2 heure. Servir en ajoutant, selon votre goût, une boule de glace au litchi, à l'ananas ou à la noix de coco.

Crème glacée à la mangue et noix de coco*

Ingrédients, pour 4 verrines : 2 verrines de crème liquide, 1 verrine de noix de coco râpée, la pulpe d'une mangue fraîche, 4 cuillères à café de sirop de noix de coco, 1/2 cuillère à café de citronnelle en poudre.

Préparation : éplucher la mangue et en extraire la chair, l'écraser à la fourchette. Dans un grand bol, mélanger au fouet tous les ingrédients. Bien émulsionner pour que la crème soit mousseuse. Verser dans les verrines, mettre 1/2 heure au conservateur. Servir de suite.

Crème de mangue à la badiane *

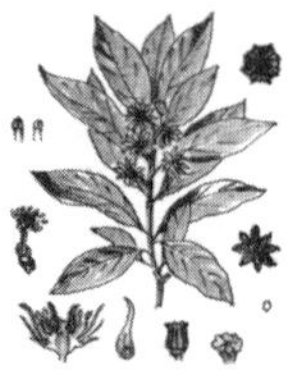

Ingrédients : 1 mangue, 1 yaourt, 2 cuillères à soupe de fromage blanc fermier, 2 cuillères à soupe de miel, 1/2 jus de citron vert, 1 pincée de muscade, 1 de graines de badiane, 2 alkékenges (physalis).

Préparation : éplucher et découper la mangue en morceaux, en réserver quelques dés. Dans un saladier, mettre la mangue, le yaourt, le fromage blanc, le miel, le jus de citron, les graines de badiane. Mixer et bien mélanger. Ajouter la muscade. Mettre au réfrigérateur pour au moins 2 heures. Au moment de servir, verser la crème dans des coupelles ou des verres, ajouter les dés de mangue ainsi que les alkékenges, pétales ouverts.

Crème à la poire au gingembre *

Ingrédients, pour 4 ramequins : 4 poires, 1 verre de coulis de mangue déjà prêt, 1/2 verre de sirop de gingembre, 1 cuillère à café de gingembre, 1/2 verre de crème liquide, 1/2 verre de sucre glace.

Préparation : éplucher et épépiner les poires, les couper en quartiers puis en morceaux. Dans un saladier, mixer les poires avec le coulis de mangue. À part, fouetter le sirop de gingembre avec le gingembre en poudre. Dans un bol, fouetter la crème liquide et le sucre glace. L'incorporer au mélange poires/coulis de mangue, puis ajouter le sirop de gingembre. Bien fouetter afin d'obtenir une crème onctueuse, puis verser dans les ramequins. Réserver au froid 3 heures avant de servir.

Fruits au fromage blanc

Kulfi au fromage blanc

Ingrédients, pour 6 personnes : 250 g de fromage blanc, 50 g de sucre de canne en poudre, 50 g d'amandes et 25 g de pistaches décortiquées non salées, 1/2 cuillère à café de graines de cardamome, 25 g de raisins secs, 25 g de noix de coco râpée, quelques feuilles de menthe, des fruits frais : de la mangue, de la banane, de l'ananas, de la papaye ou de la goyave.

Préparation : hacher les amandes et les pistaches. Ôter les graines de cardamome de leurs capsules et les hacher avec les raisins secs. Les mélanger avec les amandes, pistaches et noix de coco. Ajouter les feuilles de menthe ciselées, puis laisser reposer au frais. Peler les fruits choisis, les couper en petits dés puis les incorporer dans le fromage blanc avec tous les ingrédients. Couvrir et réserver au frais jusqu'au moment de servir.

Fruits pochés à la cardamome *

Ingrédients : des fruits frais de saison au choix : pommes, poires, pêches, coings, oranges, pamplemousses ou des fruits exotiques : mangue, goyave, papaye, ananas, 2 litres d'eau, 250 g de sucre de canne, 1 gousse de vanille, un jus de citron vert et son zeste, une cuillère à café de poudre de cardamome, les graines de 3 gousses de cardamome.

Préparation : *le sirop de pochage* : dans une casserole, mettre l'eau, le sucre, la gousse de vanille fendue en deux et le jus de citron. Porter à ébullition puis réserver.

Éplucher les fruits choisis, les couper en quatre. Mettre à cuire une heure dans le sirop de pochage avec 1 pincée de poudre de cardamome ainsi que les graines de cardamome. Laisser refroidir.

Au moment de servir, recouper les fruits en petits morceaux, ajouter le restant de cardamome et mélanger délicatement. Mettre les fruits dans un ramequin ou une coupe, ajouter un peu de sirop de pochage. Servir de suite.

Losanges aux amandes

Badam barfi

Ingrédients : 1 litre de lait entier, 150 g de sucre de canne, 125 g d'amandes en poudre, 2 cuillères à soupe de pistaches décortiquées non salées, 1 pincée de cardamome en poudre, quelques graines de cardamome.

Préparation : dans une casserole, verser le lait et le porter à ébullition ; cuire en remuant jusqu'à ce que le lait épaississe, puis ajouter le sucre, en fouettant. Sans cesser de remuer, poursuivre la cuisson durant 10 minutes. Incorporer les amandes en poudre, mélanger ; laisser cuire jusqu'à ce que la préparation se détache de la casserole, retirer du feu. Ajouter la cardamome en poudre, mélanger.

Beurrer légèrement un plat en terre et verser la pâte obtenue, lisser la surface. Laisser tiédir. Avec la pointe d'un couteau, inciser le dessus de la pâte en formant des losanges. Concasser les pistaches. Décorer les losanges de graines de cardamome et des pistaches, puis, avant qu'elle ne durcisse totalement, découper la pâte en suivant les incisions.

Mini-cakes gingembre – orange *

Ingrédients, pour 8 petits moules : 1 œuf entier, 1 tasse de lait, 1 tasse de farine, 1/2 tasse de sucre, quelques gouttes d'arôme d'orange et de vanille, 1 cuillère à café d'un mélange de gingembre et de cardamome en poudre, quelques zestes d'orange confites découpés en petits dés, 1 cuillère à soupe de sirop de gingembre.

Préparation : dans un saladier, mélanger l'œuf, le sucre, les épices. Fouetter, puis incorporer successivement le lait, la farine, les arômes et le sirop de gingembre. Verser la pâte liquide dans les petits moules. Ajouter les zestes d'orange avant d'enfourner.

Préchauffer le four th. 9, soit 220 °C. Enfourner, laisser cuire 10 minutes. Puis baisser la température th. 7, soit 200 °C, finir la cuisson 15 minutes. Laisser refroidir avant de démouler les mini-cakes.

Tarte banane à la cardamome *

Ingrédients : 1 pâte à tarte, 2 œufs entiers, 2 bananes, 1 cuillère à café de gingembre en poudre, 3 cuillères à soupe de lait, 1 cuillère à café de cannelle en poudre, 1 verre de noix de coco râpée + 1/2 verre, 2 verres de sucre roux + 1 verre, les graines de 5 gousses de cardamome.

Préparation : dans un saladier, fouetter ensemble les 2 œufs entiers, le gingembre, la cannelle, le lait, 1 verre de noix de coco et 2 verres de sucre. Bien émulsionner pour le mélange soit moelleux.

Préchauffer le four à th. 6, soit 180 °C.

Dans un bol, écraser à la fourchette les deux bananes, ajouter le ½ verre de noix de coco, 1 verre de sucre et les graines de cardamome. Puis incorporer dans la préparation aux œufs.

Étaler la pâte à tarte et répartir l'ensemble dessus. Enfourner 40 minutes. Servir chaud ou tiède.

Pains

Les pains (rotikâ) indiens sont nombreux, chaque région ayant sa propre spécialité. Présents à tous les repas, ils se révèlent indispensables pour porter la nourriture à la bouche, prendre les aliments ou encore saucer, et remplacent généreusement fourchettes et cuillères, car, en Inde, on mange traditionnellement avec les doigts.

Roti, chappatti, paratha, naan, bhakri, rumali, puri (poori), autant de noms évoquant les différents pains, sans oublier les pappadam, galettes plates à base de farine de lentilles que l'on déguste avec les marinades et les condiments.

Chappatti

Le chappatti est le pain indien classique et le plus utilisé. Confectionné sur une tôle légèrement concave (*tawa*) en fonte qui lui donne sa forme, sa pâte repose traditionnellement de 7 à 9 heures. Ce temps long permet de lui donner une texture légère. Actuellement, on laisse la pâte reposer une heure seulement. Le chappatti est cuit à sec et à forte chaleur.

Ingrédients, pour 12 chappatti : 250 g de farine de blé semi-complète ou complète, 150 ml d'eau tiède, 1 cuillère à café de sel, 2 cuillères à café de ghee ou d'huile ou un peu de beurre ramolli, 50 g de beurre (facultatif).

Préparation : dans un saladier, mélanger la farine et le sel, puis incorporer la moitié de l'eau, mélanger. Faire un puits, ajouter le ghee (l'huile ou le beurre mou) en travaillant la pâte du bout des doigts, pétrir durant 10 minutes (le temps de travail de la pâte peut dépendre de la qualité de la farine). Ajouter le reste d'eau, bien malaxer jusqu'à l'obtention d'une pâte souple et ferme à la fois et faire une boule. Couvrir d'un linge et laisser reposer 1 heure à température ambiante.

Diviser la pâte en 12 boules, les étaler sur un plan de travail fariné jusqu'à obtenir une galette de 15 cm de diamètre et environ 3 mm d'épaisseur. Faire chauffer à sec et à feu vif une poêle à fond épais, mettre un peu de farine puis faire cuire un chappatti ; dès que des cloques apparaissent en surface (environ au bout de 30 secondes) appuyer sur la galette à l'aide d'une cuillère en bois, la retourner immédiatement, laisser cuire 1 minute à 1 minute 1/2 de chaque côté. Renouveler l'opération une seconde fois, sur chaque face. Le chappatti doit être doré et tacheté. Réserver sur une assiette et enduire chaque galette d'un peu de beurre ramolli. Empiler les chappatti les uns sur les autres et les recouvrir d'un linge. Servir chaud.

Naan

Originaire du Pendjab, le naan est certainement le pain indien le plus connu. Consommé nature, parsemé de graines de pavot ou de sésame, il peut être farci au fromage, aux légumes ou à la viande. Parfois sont incorporés des oignons hachés, de l'ail grillé ou encore des feuilles de coriandre ciselées.

Ingrédients : une livre de farine, 1 cuillère à soupe d'eau chaude, 2 cuillères à café de levure sèche, 1 cuillère à café de sucre, 1/2 cuillère à café de bicarbonate de soude, 35 g de beurre fondu, 1 yaourt, 1 pincée de sel.

Préparation : dans un bol, fouetter la levure, le sucre et l'eau chaude. Réserver en attendant que le mélange mousse. À part, dans un saladier, mettre la farine, le sel et le bicarbonate de soude, bien mélanger puis ajouter le beurre fondu, le yaourt et la préparation à la levure. Pétrir à la main jusqu'à l'obtention d'une pâte bien lisse, ajouter un peu d'eau si nécessaire. Couvrir avec un torchon en lin ou en coton, laisser lever la pâte ainsi pendant 2 à 3 heures.

Faire préchauffer votre four à 200 °C. Sur le plan de travail, étaler un peu de farine, puis pétrir de nouveau la pâte. La découper à la main en 12 boules ou pâtons. Étirer la pâte en projetant vivement chaque boule d'une main à l'autre afin d'obtenir une galette ovale mince au centre et légèrement plus épaisse sur les bords. Badigeonner chaque galette de beurre.

Si vous souhaitez les farcir : incorporer la farce sur une partie de la galette puis rabattre et donner un coup de rouleau à pâtisserie.

Disposer les galettes sur une tôle légèrement huilée. Faire cuire les naan 5 à 6 minutes. Servir en accompagnement.

Paratha

Le paratha est un pain croustillant et très fin, proche du naan. Il se consomme nature ou farci de viande hachée, de légumes, de yaourt...

Ingrédients, pour 6 parathas : *Pour la pâte* : 250 ml de farine de blé, 65 ml d'eau tiède, 2 cuillères à soupe de ghee ou d'huile, de huile ou du ghee pour la cuisson. *Assaisonnements selon votre goût, au choix* : des feuilles de menthe ciselées, 1 pincée de piment rouge en poudre, ou 1 cuillère à café de cumin en poudre avec 1 cuillère à café de cumin en graines.

Préparation : dans un cul-de-poule, mélanger la farine et l'eau jusqu'à obtention d'une pâte, puis incorporer le ghee ou l'huile, et éventuellement l'assaisonnement choisi. Pétrir à la main jusqu'à ce que la pâte soit souple. Couvrir d'un torchon blanc humide, laisser lever 1 heure à température ambiante.

Partager la pâte en 6 petites boules, les rouler dans un peu de farine puis les étaler pour obtenir un ovale de 20 cm de diamètre. Puis, repousser la pâte vers le centre, replier en deux, et étaler de nouveau légèrement au rouleau. Dans une poêle, faire cuire à feu moyen dans un peu de ghee ou d'huile. Lorsque des taches brunes apparaissent, au bout d'environ 2 à 3 minutes, retourner le paratha, badigeonner d'un peu de ghee ou d'huile, et cuire l'autre face. Aplatir le bord avec une spatule en bois pour que le paratha ne se relève pas et surtout pour que des bulles d'air puissent se former.

Boissons

Lait aux fruits secs

Ingrédients, pour 4 verres : 80 cl de lait entier, 150 g de sucre de canne en poudre, 20 g d'amandes effilées, 20 g de noix de cajou non salées, 20 g de pistaches non salées, 4 clous de girofle ou 1/2 cuillère à café de girofle en poudre, 1/2 cuillère à café de graines de cardamome en poudre, 1 pointe de cannelle et de badiane en poudre, quelques feuilles de menthe.

Préparation : écraser ou mixer les amandes, les noix de cajou et les pistaches. Dans un saladier, verser les fruits secs puis les mélanger avec 20 cl de lait, la cannelle et la badiane. Couvrir et laisser reposer une bonne heure. Dans un cul-de-poule, mettre le lait aux fruits secs, incorporer les épices et le sucre de canne en poudre, mélanger doucement en ajoutant le lait restant. Fouetter pour bien émulsionner. Mettre en carafe et réserver au frais une heure. Au moment de servir, répartir dans 4 verres le lait parfumé et décorer de feuilles de menthe.

Lassi au melon et à la cardamome *

Ingrédients : 1 citron vert, 1 yaourt à la grecque, 30 cl d'eau de source, 1/2 cuillère à café de cardamome en poudre, 1 pincée de gingembre, 1 pincée de cannelle.

Préparation : dans un saladier, fouetter l'eau et le yaourt jusqu'à l'obtention d'un mélange onctueux. Puis incorporer le jus du citron vert, la cardamome, le gingembre et la cannelle. Bien mélanger. Servir frais.

Lassi à la rose *

Ingrédients : 1 yaourt aigrelet, 1 cuillère à soupe de lait, 1 pincée de sel, 1 pincée de cardamome en poudre, 1 bouton de rose à effeuiller et 1 goutte d'eau de rose.

Préparation : dans un saladier, fouetter le yaourt, le lait et le sel. Bien émulsionner. Ajouter la cardamome et les pétales de rose, bien mélanger. Verser dans un verre, réserver au frais 1/2 heure. Au moment de servir, ajouter la goutte d'eau de rose.

Thé indien aux épices

Tchaï mâsâlâ

C'est LA boisson indienne par excellence.

Ingrédients, pour une tasse (20 cl) : 1 pincée de thé noir, 15 cl d'eau, 5 cl de lait entier, 1 pincée de cardamome en poudre et 1 gousse, 1 pincée de cannelle en poudre ou en copeaux, 1 pincée de gingembre en poudre et 1 pincée de gingembre frais râpé, 1 cuillère à café de sucre de canne sans ou plus, selon votre goût.

Préparation : dans une casserole, verser l'intégralité des ingrédients et mener à ébullition, puis laisser bouillonner tranquillement 5 minutes environ. Hors du feu, couvrir et laisser reposer quelques instants, puis filtrer et verser dans la tasse.

« Soyez toujours prêt à être surpris... »

15 février, Nantes.

Je vous mentirais si je vous disais que prendre soin de soi est aisé. Il nous faut apprivoiser le corps, le trouble et la patience. Accepter la distance, la confusion et le silence. Dans le silence, surgit une petite flamme, une petite âme, un mot de vie. Accueillir le vide, la douleur et le désir. Éprouver la blessure et recueillir la déchirure. Une grande déchirure est une formidable envie de mordre à la vie. Vivre, c'est consentir.

Se nourrir est une nécessité, détermine un choix, une alternative. Prendre goût à la vie, la préserver, que serait la vie sans le goût de la vie, le désir d'être, la folle déclinaison des sentiments ? La patiente exploration de la vie demande du temps, de l'indulgence et ne souffre pas l'impatience.

Prendre du temps pour soi demande assentiment, déliance du temps et des obligations imposées par l'exigence ordinaire

Admettre que la réalité n'est pas forcément celle-là, celle que vous vivez.

Prôner la vie, déposer les armes, restaurer la confiance, cueillir la sérénité.

Se nourrir avec le cœur, tenter et oser, se laisser être à Soi.

Se poser, se reposer...

Je ne vais pas vous retenir davantage, je sais combien votre temps est précieux. Je souhaite simplement que cette petite balade gourmande vous aura offert quelques instants de détente.

Gardez grand ouvert sur la mer et les étoiles vos yeux d'aigue-marine. Vous êtes l'Unique.

« Soyez toujours prêt à être surpris[1]... »

Je vous souhaite cela, simplement cela. Si vous pensez que c'est le chemin le plus juste pour vous, allez, et prenez soin de vous.

Je dois vous quitter maintenant, Bel ami, car mon voyage s'achève ici.

Votre Dévouée S.

1. Swâmi Prajnânpad, *op. cit.*

Quelques ouvrages...

Les citations concernant la CharakaSamhitâ sont extraites du :

Traité fondamental de la médecine âyurvédique, Caraka samhitâ, volume 1 - *Les principes*, volume 2 - *Les thérapeutiques*, volume 3 - *Protocole et formules de soin*, traduit par Jean Papin, Almora, 2006, 2009, 2011.

Les traductions et définitions des termes sanscrits sont extraites du dictionnaire sanskrit-français de N. Stchoupak, L. Nitti et L. Renou, Librairie d'Amérique et d'Orient, J. Maisonneuve, 5e tirage, 1987.

Baljekar Mridula, *Cuisine comme en Inde*, Parragon, 2010.

Edde Gérard, *La médecine âyurvédique*, Dangles, 1985.

Garai Indrajit, *La diététique âyurvédique pour votre bien-être au quotidien*, Dauphin, 2009.

Mandala Patrick, *Si les épices m'étaient contées*, Dangles, 2007.

Verbois Sylvie, *La Médecine indienne*, Eyrolles, 2009.

Villaume Joyce, *Le Don, Alimentation et santé selon l'Âyurveda*, Dangles, 2010.

Index

A

Abricot 79
Achards 160
Ache des marais 45, 130, 131
Acide 45, 123
Âcre 50, 82
Agni 46, 97
Agrumes 79, 100
Aigre 81
Ail 46, 61, 79, 80
Âkâsha 21
Aliments 79, 103
Âma 45, 47
Amande 179
Amère 48, 80, 82, 124
Ananas 49
Aneth 80, 144
Anis vert 49, 80
Apas 22
Âpre 77, 98
Aridité 106
Ase fétide 50
Asséchante 97
Associations alimentaires 99
Asthi 29
Astringente 50, 80, 82, 125
Âtman 32, 133
Aubergine 69, 166
Avocat 158

B

Badiane 51
Banane 51
Basilic 51
Besoins naturels 52
Beurre 52
Beurre clarifié 38, 64
Biryani 172, 173
Blé 53
Boisson 184
Brahmâ 18
Brocoli 80

C

Café 143
Cannelle 53
Cardamome 53
Carotte 69
Céleri 79, 80
Céréales 53

Chair 29
Chaleur 106
Chappatti 181
Charaka 33
Chaude 110
Chou 69
Chou-fleur 69
Chutney 153
Citronnelle 176
Citron vert 55
Clarté 108
Clou de girofle 151
Colère 106, 123
Concombre 69
Constitution 93
Coriandre 55, 130, 131
Corps 15, 17
Coulis 157
Courge 167
Courgette 80
Crème 157
Crème glacée 97, 101
Crevettes 153, 165, 172
Cumin 56
Curcuma 56, 131
Curry 152
Cycles horaires 56

D

Datte 79, 80, 100
Déchets organiques 71
Densité 107
Désir 19, 25, 31, 100, 120, 122
Dessert 100, 175
Dhâtu 29, 53, 64, 81
Digestion 97, 98, 109, 137
Dosha 26, 56, 81, 130
Douce 59, 79, 81, 122
Douceur 107

E

Eau 21, 22, 60
Échauffante 73, 97, 98, 124
Éléments 26, 60
Émotions 27, 46, 47, 71
Énergie 17
Envie 52, 106, 122, 123
Épices 62
Épinard 69
Équilibre 95
Espace 21, 60
Esprit 15
Estragon 80, 144

F

Féculent 100
Fenouil 80
Fenugrec 61, 63
Feu digestif 46
Fibres nerveuses 29
Figue 79, 80
Fixité 108
Fluides 29, 48, 50, 71
Fluidité 48, 107
Froideur 106
Fromage 79, 100
Froment 54
Fruits 60, 63
Fruits de mer 80

G

Galanga 80
Gâram mâsâlâ 151
Ghee 64
Gingembre 64
Girofle 65
Globules rouges 29
Gombo 168
Grasse 64, 68, 69, 84, 97, 110, 134

Grenade 79, 80
Guna 18, 103, 109

H

Haricots secs 69
Huile de noix de coco 97
Huile de sésame 97
Huile de tournesol 97, 101
Huileuse 97, 98
Humidité 106

J

Jala 60
Jalousie 22, 124

K

Kapha 26, 28, 129, 131

L

Lassi 184, 185
Légèreté 105
Légumes 69, 166
Lenteur 106
Lentilles 69
Lourdeur 105
Lymphe 29

M

Maïs 55
Majjâ 29
Mala 71
Mâmsa 29, 84
Mangue 71
Marinade 159
Meda 29
Mélisse 79, 143
Miel 38
Millet 54
Mobilité 108
Moelle 29
Mortier 144
Mousson 57, 78
Moutarde noire 72
Muscade 72
Mûtra 71

N

Naan 164, 181, 182
Nâdî 26, 56
Nigelle 73
Noix de cajou 73
Noix de coco 79, 97, 101

O

Odorat 23
Œufs 97, 100
Ojas 68, 122
Olive verte 80
Opacité 108
Orange 79
Organes 25, 48
Orge 54

P

Pain 181, 182, 183
Papaye 79
Paratha 181, 183
Pâte 143, 144
Pêche 79, 80
Petit-lait 100
Pickle 153, 156
Piment 74
Piquante 74, 80, 82, 123
Pistache 79, 80
Pitta 26, 27, 128, 130
Plasma 29
Poire 79
Pois 69
Poissons 75

Poivre noir 75
Pomme de terre 69
Poulet 85
Prasveda 71
Prithivî 23
Prune 79
Purîsha 71

R

Radis 70
Rafraîchissante 97
Raïta 163
Rajas 18
Rakta 29
Rapidité 106
Rasa 104
Régime 76
Rigidité 107
Riz 54
Rudesse 108

S

Safran 77
Salée 78, 80, 81, 124
Sarrasin 55
Sattva 18
Sauce 159
Saveur 77, 79, 80, 81, 82, 121, 122, 123, 124, 125
Seigle 79, 80
Sel 82
Selles 48
Semence 29, 124
Sésame 79, 97
Shakti 17
Shiva 18
Shukra 29
Souplesse 107
Subtilité 108

T

Tamarin 83
Tamas 19
Tandoori 152
Tejas 22
Tissu adipeux 29
Tissu nerveux 29
Tissu osseux 29
Tissu reproducteur 29
Tissu sanguin 29
Tissus musculaires 29, 81
Tissus vitaux 27, 29
Tomate 70, 100
Toxémie 47
Transpiration 71, 111
Trimûrti 18
Trouble alimentaire 100

V

Vâta 26, 27, 127, 130
Vâyu 22
Viande 84, 159
Vishnu 18

Y

Yaourt 86

Table des matières

Sommaire 5
Lettres gourmandes à un ami lointain 9

Lettre I : L'orée des saveurs 11

Leçon 1 : La santé est physique et spirituelle 15
Leçon 2 : L'Énergie est Tout, l'Énergie est trois... 17
Leçon 3 : La Nature est cinq... 21
Leçon 4 : La leçon cosmique : l'être n'est pas que matière... 25
Leçon 5 : ... mais l'être est aussi matière 29
Leçon 6 : Nourrir la vie 31
Leçon 7 : Les leçons de la CharakaSamhitâ 33
Leçon 8 : Les 8 facteurs définissant la méthode alimentaire 37

Lettre II : L'alphabet des saveurs 41

A comme... 45
B comme... 51
C comme... 53
D comme... 59
E comme... 60
F comme... 63
G comme... 64
L comme... 67
M comme... 71

N comme… 73
P comme… 74
R comme… 76
S comme… 77
T comme… 83
V comme… 84
Y comme… 86

Lettre III : Grammaire alimentaire 87
Leçon 1 : Pas d'interdits 91
Leçon 2 : Manger de tout 93
Leçon 3 : Le bon équilibre 95
Leçon 4 : Les six qualités digestives 97
Leçon 5 : Les associations alimentaires 99
Leçon 6 : Les 20 qualités (Guna) des aliments 103
Leçon 7 : Petit répertoire des qualités 105
Leçon 8 : Déclinaison des Guna 109

Lettre IV : Vents gourmands 115
Leçon 1 : Le goût du Jeu 119
Leçon 2 : L'alchimie des saveurs 121
Leçon 3 : Nuancier culinaire 127
Leçon 4 : Les règles d'or 133
Leçon 5 : Quelques conseils pour bien digérer 137
Leçon 6 : Tout est affaire de goût… 139
Leçon 7 : La main légère… 143
Leçon 8 : Ultimes recommandations 145

Lettre V : Mon cahier de recettes 147
Les grands mélanges indiens 151
Chutneys, pickles 153
Coulis et crèmes 157
Marinades et sauces 159
Entrées, accompagnements et soupes 160

Légumes 166
Poissons et viandes 172
Desserts 175
Pains 181
Boissons 184

« Soyez toujours prêt à être surpris... » 187

Quelques ouvrages... 189
Index 191

PEFC
PEFC/10-31-1316

Imprimé en France. - JOUVE, 1, rue du Docteur Sauvé, 53100 MAYENNE
N° 708979S. - Dépôt légal : juillet 2011